FRANZÖSISCH *ganz leicht* WORTSCHATZ

Deutsche Bearbeitung von
Albert Raasch

Max Hueber Verlag

3. 2. | Die letzten Ziffern
2008 07 06 | bezeichnen Zahl und Jahr des Druckes.
Alle Drucke dieser Auflage können, da unverändert, nebeneinander benutzt werden.
1. Auflage

Die WBT ist Herausgeber der Europäischen Sprachenzertifikate *(TELC – The European Language Certificates)*
Lektorat: Piero Salabè, München
Umschlaggestaltung: Atelier Kontraste, München
Satz: Satz + Layout Fruth GmbH, München
Druck und Bindung: Ludwig Auer GmbH, Donauwörth
Printed in Germany
ISBN 3–19–009496–9

Diese Zusammenstellung französischer Wörter und Ausdrücke bildet das sichere Fundament, das man im Französischen zunächst erlernen sollte und das sich bei einem späteren Weiterlernen ausbauen lässt. Die Auswahl der Vokabeln entspricht den Zielen, die für die »Europäischen Sprachenzertifikate« definiert wurden. Dazu gehören die folgenden Aspekte:

- Die Sprache hilft, sich den Sprechern einer anderen Sprache verständlich zu machen.
- Die Sprache lernt man, um sich mit den Sprechern der Zielsprache verständigen zu können.
- Um zwischenmenschliche Kontakte pflegen zu können, braucht man Grundkenntnisse der Sprache.
- Mit Hilfe der Sprachkenntnisse kann man das Land der Zielsprache entdecken.
- Sprache dient auch dazu, gemeinsam mit anderen Sprechern in interkultureller Begegnung Probleme zu bewältigen.

Diese Zielsetzungen lassen sich mit Hilfe der vorliegenden Liste zumindest ansatzweise erreichen. Die Kenntnis dieses Wortschatzes bildet die Orientierung für neue Lehrwerke des Französischen. Sie ist Gegenstand des Lehrens und Lernens in vielen Bereichen des Französischunterrichts und gleichzeitig die Voraussetzung für das Bestehen des »Europäischen Sprachenzertifikats – Französisch«.

Näheres zu den Zielen und Inhalten der »Europäischen Sprachenzertifikate« finden Sie in den Veröffentlichungen der »Weiterbildungs-Testsysteme GmbH«, Frankfurt am Main.

Die Wortliste enthält eine Darstellung der Aussprache (nach der Schreibweise der *Association Phonétique Internationale* und mit einfachen Erklärungen), ferner zahlreiche Wortverbindungen und Übersetzungsvorschläge.

Die Zahl der Abkürzungen wurde zur Erleichterung der Benutzung möglichst klein gehalten:

(adj.)	=	Adjektiv, Eigenschaftswort
(adv.)	=	Adverb, Umstandswort
(f.)	=	feminin, weiblich
(m.)	=	maskulin, männlich
(pl.)	=	Plural, Mehrzahl

Die alphabetische Wortliste wird im Anhang durch Zusammenstellungen von Wortgruppen (Ländernamen, Jahreszeiten, Monate, Wochentage, Zahlen) sowie durch einige Beispiele für häufige Verbformen (Präsens und Passé composé) und eine Erläuterung der Lautumschrift ergänzt.

A. R.

A

à, au, aux [a / o / o]	*zu, an, in, nach …*
A samedi!	*Bis Samstag / Sonnabend!*
Je suis née à Troyes.	*Ich bin in Troyes geboren.*
Son fils va au lycée.	*Sein / Ihr Sohn geht ins Gymnasium.*
d'abord [dabɔʀ]	*zuerst*
Demande-lui d'abord son avis!	*Fragen Sie ihn / sie zuerst um seine / ihre Meinung!*
absolument [apsɔlymɑ̃]	*durchaus, unbedingt*
Je dois absolument vous parler.	*Ich muss Sie unbedingt sprechen.*
acceptable [aksɛptabl]	*annehmbar*
C'est un prix acceptable.	*Das ist ein annehmbarer Preis.*
accepter [aksɛpte]	*annehmen*
J'accepte volontiers votre invitation.	*Ich nehme Ihre Einladung gerne an.*
inacceptable [inaksɛptabl]	*unannehmbar*
Ces conditions de travail sont inacceptables.	*Diese Arbeitsbedingungen sind unannehmbar.*
accident (m.) [aksidɑ̃]	*Unfall*
Il a eu un accident de voiture.	*Er hat einen Autounfall gehabt.*
accompagner [akɔ̃paɲe]	*begleiten*
Tu peux accompagner Robert à la gare?	*Kannst du Robert zum Bahnhof bringen / begleiten?*
raccompagner [ʀakɔ̃paɲe]	*zurückbegleiten*
Je te raccompagne chez toi.	*Ich bringe dich nach Hause zurück.*
d'accord (m.) [dakɔʀ]	*einverstanden*
C'est d'accord, je viens avec vous.	*Einverstanden, ich komme mit Ihnen.*
achat (m.) [aʃa]	*Kauf*
Je fais mes achats au supermarché.	*Ich kaufe im Supermarkt ein / mache meine Einkäufe im Supermarkt.*
télé-achat (m.) [teleaʃa]	*Teleshopping*
Le télé-achat, c'est pratique quand on n'habite pas une grande ville.	*Wenn man nicht in einer Großstadt wohnt, ist das Teleshopping sehr praktisch.*
acheter [aʃte]	*kaufen*
Je voudrais acheter un magazine.	*Ich möchte eine Zeitschrift kaufen.*
racheter [ʀaʃte]	*wieder kaufen*
Il faut racheter du pain.	*Wir müssen wieder Brot kaufen / Brot nachkaufen.*

actualités (f. pl.) [aktɥalite] J'ai regardé les actualités à la télé.	*Nachrichten* *Ich habe die Nachrichten im Fernsehen gesehen.*
actuel, -le [aktɥɛl] Quel est son emploi actuel?	*aktuell, gegenwärtig* *Welche Stellung hat er / sie gegenwärtig / zur Zeit?*
actuellement [aktɥɛlmɑ̃] Ils habitent actuellement à Londres.	*zur Zeit, gegenwärtig* *Sie wohnen zur Zeit / gegenwärtig in London.*
addition (f.) [adisjõ] Garçon, l'addition, s'il vous plaît!	*Rechnung* *Herr Ober, die Rechnung / zahlen, bitte!*
administration (f.) [administʀasjõ] Elle travaille dans l'administration.	*Verwaltung* *Sie arbeitet in der Verwaltung.*
admirable [admiʀabl] C'est un homme admirable.	*bewundernswert* *Das ist ein bewundernswerter Mensch.*
admirer [admiʀe] J'admire son courage.	*bewundern* *Ich bewundere seinen / ihren Mut.*
adorer [adoʀe] J'adore la musique moderne.	*bewundern, lieben, gerne haben* *Ich liebe moderne Musik.*
adresse (f.) [adʀɛs] Pourriez-vous me donner votre adresse?	*Adresse* *Könnten Sie mir Ihre Adresse geben?*
s'adresser à [sadʀɛsea] Pour obtenir un nouveau passeport, adressez-vous au consulat.	*sich wenden an* *Wenn Sie einen neuen Pass wollen, wenden Sie sich bitte an das Konsulat.*
adulte (m.) [adylt] Quatre places: trois adultes et un enfant.	*Erwachsener* *Vier Plätze / Karten: drei Erwachsene und ein Kind.*
aéroport (m.) [aeʀopɔʀ] On ira le chercher à l'aéroport.	*Flughafen* *Wir holen ihn am Flughafen ab.*
affaire (f.) [afɛʀ] Ça, c'est une autre affaire.	*Angelegenheit, Sache, Geschäft* *Das allerdings ist eine andere Angelegenheit.*
Où as-tu mis tes affaires?	*Wo hast du deine Sachen hingelegt / gelassen?*
C'est un homme d'affaires.	*Das ist ein Geschäftsmann / Er ist Geschäftsmann.*
affiche (f.) [afiʃ] La ville est pleine d'affiches publicitaires.	*Plakat* *Die Stadt ist voll von Werbeplakaten.*

âge (m.) [aʒ]	*Alter*
Quel âge a-t-il?	*Wie alt ist er? / Welches Alter hat er?*
Il y a des réductions pour les personnes du troisième âge.	*Für Senioren gibt es Ermäßigungen.*
âgé, -e [aʒe]	*alt*
Il est déjà assez âgé.	*Er ist schon ziemlich alt.*
agence (f.) [aʒɑ̃s]	*Agentur*
Il travaille dans une agence de voyage.	*Er arbeitet in einem Reisebüro.*
agent (m.) de police [aʒɑ̃]	*Polizist*
Adressez-vous à l'agent de police.	*Wenden Sie sich an / Fragen Sie den Polizisten.*
s'agir de [saʒiʀdə]	*sich handeln um, gehen um*
De quoi s'agit-il?	*Worum handelt es sich? / Worum geht es?*
agneau (m.) [aɲo]	*Lamm*
Je prendrai une côte d'agneau.	*Ich nehme ein Lammkotelett.*
agréable [agʀeabl]	*angenehm*
Vous avez passé des vacances agréables?	*Haben Sie schöne / angenehme Ferien verbracht?*
désagréable [dezagʀeabl]	*unangenehm*
Mon patron est désagréable.	*Mein Chef ist unangenehm.*
agriculteur (m.), **agricultrice** (f.) [agʀikyltœʀ / agʀikyltʀis]	*Landwirt, Landwirtin*
Profession: agriculteur	*Beruf: Landwirt*
agriculture (f.) [agʀikyltyʀ]	*Landwirtschaft*
Les ministres de l'agriculture vont se rencontrer à Bruxelles.	*Die Landwirtschaftsminister werden sich in Brüssel treffen.*
aide (f.) [ɛd]	*Hilfe*
Vous avez besoin d'aide?	*Brauchen Sie Hilfe?*
aider [ede]	*helfen*
Je peux t'aider à faire la cuisine.	*Ich kann dir beim Kochen helfen.*
ailleurs [ajœʀ]	*anderswo*
Je voudrais vivre ailleurs.	*Ich möchte anderswo wohnen / leben.*
d'ailleurs [dajœʀ]	*übrigens*
D'ailleurs je n'aime pas ça!	*Übrigens: Ich mag das nicht!*
aimer [eme]	*lieben*
J'aime bien Paul.	*Ich habe Paul gern.*
J'aime beaucoup nager.	*Ich gehe gerne schwimmen.*
J'aimerais que vous veniez avec nous.	*Ich möchte, dass Sie mit uns kommen.*

ainsi [ɛ̃si]	*so, also*
Ainsi, vous avez décidé de divorcer?	*Haben Sie sich also entschlossen, sich scheiden zu lassen?*
air (m.) [ɛʀ]	*Luft*
A Paris, l'air est vraiment très pollué.	*In Paris ist die Luft wirklich sehr verschmutzt.*
Tu as l'air triste. Qu'est-ce qui ne va pas?	*Du siehst traurig aus. Was ist los?*
aire (f.) [ɛʀ]	*Platz*
Derrière la maison, il y a une aire de jeu.	*Hinter dem Haus ist ein Spielplatz.*
Sur l'autoroute, il y a des aires de repos tous les 30 kilomètres.	*An der Autobahn gibt es alle 30 Kilometer einen Rastplatz.*
ajouter [aʒute]	*hinzufügen*
Vous n'avez plus rien à ajouter?	*Haben Sie dem nichts mehr hinzuzufügen?*
Ajoute encore un peu d'huile!	*Gib noch etwas Öl dazu!*
alcool (m.) [alkɔl]	*Alkohol*
C'est une bière sans alcool.	*Das ist ein alkoholfreies Bier.*
aller [ale]	*gehen*
Dimanche, nous irons au cinéma.	*Sonntag gehen wir ins Kino.*
Il va partir demain.	*Er fährt morgen ab.*
Le gris te va très bien.	*Grau steht dir sehr gut.*
Bonjour, ça va?	*Guten Tag, wie geht's?*
Allez, dépêche-toi!	*Los, beeil dich!*
aller-retour (m.) [aleʀətuʀ]	*Hin- und Rückfahrt*
Je voudrais un aller-retour pour Paris.	*Eine Rückfahrkarte Paris, bitte.*
allô [alo]	*hallo*
Allô, je suis bien chez les Martin?	*Hallo, ist dort die Familie Martin?*
allumer [alyme]	*anzünden*
Tu peux allumer la lumière?	*Kannst du das Licht anmachen?*
allumettes (f. pl.) [alymɛt]	*Streichhölzer*
Ne laissez pas les enfants jouer avec des allumettes!	*Lassen Sie / Lasst die Kinder nicht mit den Streichhölzern spielen!*
alors [alɔʀ]	*also, dann*
Alors, c'est d'accord?	*Also: einverstanden?*
Il n'est pas venu, alors je suis partie.	*Er ist nicht gekommen, also bin ich weggegangen / weggefahren.*
amener [amne]	*bringen*
Elle a amené son chien.	*Sie hat ihren Hund mitgebracht.*
ramener [ʀamne]	*zurückbringen*
Tu peux ramener du pain?	*Kannst du Brot mitbringen?*

ami (m.), **amie** (f.) [ami / ami]	*Freund, Freundin*
J'ai invité des amis pour mon anniversaire.	*Ich habe Freunde zu meinem Geburtstag eingeladen.*
amicalement [amikalmɑ̃]	*herzlich, freundschaftlich*
Amicalement [lettre]	*Mit herzlichen Grüßen*
amitiés (f. pl.) [amitje]	*Mit herzlichen Grüßen*
Amitiés [lettre]	*Mit herzlichen Grüßen*
amusant, -e [amyzɑ̃ / amyzɑ̃t]	*lustig*
C'est un film très amusant.	*Der Film ist sehr lustig / amüsant.*
s'amuser [samyze]	*sich amüsieren*
Amusez-vous bien!	*Viel Vergnügen!*
an (m.) [ɑ̃]	*Jahr*
Il a neuf ans.	*Er ist neun (Jahre alt).*
J'ai travaillé ici pendant 5 ans.	*Ich habe hier fünf Jahre lang gearbeitet.*
ancien, -ne [ɑ̃sjɛ̃ / ɑ̃sjɛn]	*alt*
Il a acheté une maison ancienne.	*Er hat ein altes Haus gekauft.*
animal (m.) [animal]	*Tier*
J'aime beaucoup les animaux.	*Ich habe Tiere sehr gern.*
année (f.) [ane]	*Jahr*
L'année prochaine, nous irons en Bretagne.	*Nächstes Jahr fahren wir in die Bretagne.*
Bonne Année!	*Gutes neues Jahr!*
anniversaire (m.) [anivɛʀsɛʀ]	*Geburtstag*
C'est notre anniversaire de mariage.	*Es ist unser Hochzeitstag.*
Bon anniversaire!	*Herzlichen Glückwunsch zum Geburtstag!*
annonce (f.) [anõs]	*Anzeige, Annonce*
J'ai trouvé votre annonce dans le journal.	*Ich habe Ihre Anzeige in der Zeitung gefunden.*
annoncer [anõse]	*bekannt geben, ankündigen, melden*
La météo annonce du beau temps pour le week-end.	*Der Wetterbericht sagt zum Wochenende schönes Wetter voraus.*
annuaire (m.) [anɥɛʀ]	*Telefonbuch*
Vous trouverez son numéro de téléphone dans l'annuaire.	*Sie finden seine Telefonnummer im Telefonbuch.*
A.N.P.E. [aɛnpeə]	*Arbeitsamt*
Les chômeurs doivent s'inscrire à l'A.N.P.E. (Agence Nationale pour l'Emploi).	*Arbeitslose müssen sich beim Arbeitsamt melden.*

apéritif (m.) [apeʀitif]	*Aperitif*
Venez prendre l'apéritif chez nous!	*Kommen Sie doch zum Aperitif zu uns nach Hause!*
appareil (m.) [apaʀɛj]	*Apparat*
Elle a acheté un nouvel appareil photo.	*Sie hat einen neuen Fotoapparat gekauft.*
appartement (m.) [apaʀtəmɑ̃]	*Wohnung*
Je cherche un appartement meublé.	*Ich suche eine möblierte Wohnung.*
appeler [aple]	*rufen*
Il est blessé, appelez vite un médecin!	*Er ist verletzt, rufen Sie schnell einen Arzt!*
s'appeler [saple]	*heißen*
Je m'appelle Albert Lecomte.	*Ich heiße Albert Lecomte.*
rappeler [ʀaple]	*wieder anrufen, zurückrufen*
Laissez-nous votre numéro de téléphone, nous vous rappellerons.	*Geben Sie uns Ihre Telefonnummer, wir rufen Sie zurück.*
se rappeler [səʀaple]	*sich erinnern*
Je ne me rappelle plus où je l'ai rencontré.	*Ich erinnere mich nicht mehr, wo ich ihn getroffen habe.*
appétit (m.) [apeti]	*Appetit*
Bon appétit!	*Guten Appetit!*
apporter [apɔʀte]	*bringen*
Apporte-lui des fleurs!	*Bring ihm / ihr Blumen mit!*
apprendre [apʀɑ̃dʀ]	*lernen*
J'ai appris le français en France.	*Französisch habe ich in Frankreich gelernt.*
après [apʀɛ]	*danach, nach*
La poste se trouve juste après le pont.	*Das Postamt ist gleich hinter der Brücke.*
On en parlera après le cours.	*Wir sprechen nach dem Kurs / der Vorlesung darüber.*
Il ne viendra ni la semaine prochaine, ni celle d'après.	*Er kommt weder in der nächsten noch in der übernächsten Woche.*
après-demain [apʀɛdəmɛ̃]	*übermorgen*
Il arrive après-demain.	*Er kommt übermorgen an.*
après-midi (m. / f.) [apʀɛmidi]	*Nachmittag*
Elle a passé l'après-midi sur la plage.	*Den Nachmittag über war sie am Strand.*
d'après [dapʀɛ]	*nach, entsprechend, gemäß*
D'après vous, il a tort ou raison?	*Hat er Ihrer Meinung nach Recht oder nicht?*
arbre (m.) [aʀbʀ]	*Baum*
Ils ont quelques arbres dans leur jardin.	*Sie haben in ihrem Garten ein paar Bäume.*

argent (m.) [aʀʒɑ̃]	*Geld*
Elle gagne beaucoup d'argent.	*Sie verdient viel Geld.*
armoire (f.) [aʀmwaʀ]	*Schrank*
Les valises sont au fond de l'armoire.	*Die Koffer liegen unten im Schrank.*
arrêt (m.) [aʀɛ]	*Haltestelle, Halt*
Ne descendez pas avant l'arrêt complet du train!	*Nicht aussteigen, bevor der Zug zum Halten gekommen ist!*
Où est l'arrêt de bus?	*Wo ist die Bushaltestelle?*
Descendez au prochain arrêt!	*Steigen Sie an der nächsten Haltestelle aus!*
arrêter [aʀete]	*anhalten, aufhören*
Arrête de te plaindre!	*Hör auf, dich zu beklagen!*
s'arrêter [saʀɛte]	*anhalten, stoppen*
On s'arrêtera à midi et on se reposera.	*Mittag hören wir auf und ruhen uns aus.*
arrivée (f.) [aʀive]	*Ankunft*
Heure d'arrivée: 21h45	*Ankunft / Ankunftszeit: 21.45 Uhr*
arriver [aʀive]	*ankommen*
Quand est-ce que vous êtes arrivée de Strasbourg?	*Wann sind Sie aus Straßburg angekommen?*
Je n'arrive pas à trouver son adresse.	*Ich finde seine / ihre Adresse einfach nicht.*
Cela peut arriver à tout le monde.	*Das kann jedem passieren.*
art (m.) [aʀ]	*Kunst*
J'aime l'art moderne.	*Ich liebe die moderne Kunst.*
article (m.) [aʀtikl]	*Artikel*
Il y a des articles intéressants dans ce magazine.	*Es gibt interessante Artikel in dieser Zeitschrift.*
ascenseur (m.) [asɑ̃sœʀ]	*Fahrstuhl*
L'ascenseur est en panne.	*Der Fahrstuhl ist kaputt.*
s'asseoir [saswaʀ]	*sich setzen*
Asseyez-vous!	*Setzen Sie sich doch!*
assez [ase]	*genug*
Avez-vous assez d'argent?	*Haben Sie genug Geld?*
J'en ai assez!	*Ich habe genug davon!*
assiette (f.) [asjɛt]	*Teller*
Passe-moi ton assiette!	*Gib mir deinen Teller!*
assister à [asistea]	*beiwohnen, teilnehmen*
Hier, on a assisté à un concert.	*Gestern waren wir in einem Konzert.*

association (f.) [asosjasjõ] — *Verein*
Elle est membre d'une association sportive. — *Sie ist Mitglied in einem Sportverein.*

assurance (f.) [asyʀɑ̃s] — *Versicherung*
Avez-vous une assurance-vie? — *Haben Sie eine Lebensversicherung?*

assurer [asyʀe] — *versichern*
Je t'assure que ce n'est pas vrai! — *Ich versichere dir, dass das nicht wahr ist / nicht stimmt!*
Votre voiture est assurée? — *Ist Ihr Wagen versichert?*

attacher [ataʃe] — *anbinden, befestigen*
Attachez vos ceintures! — *Schnallen Sie sich an! / Legen Sie Ihre Gurte an!*

attendre [atɑ̃dʀ] — *warten*
Attendez une minute! — *Warten Sie einen Moment!*
Je ne pourrai pas attendre aussi longtemps. — *So lange kann ich nicht warten.*

attention [atɑ̃sjõ] — *Aufmerksamkeit*
Attention: verglas! — *Achtung, Glatteis!*

auberge (f.) [obɛʀʒ] — *Herberge*
On a passé la nuit à l'auberge de jeunesse. — *Wir haben die Nacht in der Jugendherberge verbracht.*

aucun, -e [okɛ̃ / okyn] — *kein*
Je n'ai besoin d'aucune aide. — *Ich brauche keinerlei Hilfe.*
Sans aucun doute! — *Ganz bestimmt! / Ohne jeden Zweifel!*

au-dessous [odsu] — *unter*
La nuit prochaine, la température descendra au-dessous de zéro. — *In der kommenden Nacht wird das Thermometer unter Null fallen.*

au-dessus [odsy] — *darüber*
L'avion est au-dessus des nuages. — *Das Flugzeug fliegt über den Wolken.*

augmentation (f.) [ogmɑ̃tasjõ] — *Erhöhung*
Les syndicats demandent une augmentation des salaires. — *Die Gewerkschaften verlangen eine Lohnerhöhung.*

augmenter [ogmɑ̃te] — *sich erhöhen, steigen*
Les prix augmentent de plus en plus. — *Die Preise steigen immer weiter.*

aujourd'hui [oʒuʀdɥi] — *heute*
J'ai beaucoup de travail aujourd'hui. — *Heute habe ich viel Arbeit.*

au revoir [ɔʀvwaʀ] — *auf Wiedersehen*
Au revoir et à bientôt! — *Auf Wiedersehen und bis bald!*

aussi [osi] — *auch, ebenso*
Sa fille est aussi grande qu'elle. — *Seine / Ihre Tochter ist ebenso groß wie sie.*
Moi aussi. — *Ich auch.*

autant [otɑ̃] — *ebenso viel*
Nous avons autant d'étudiants que l'année dernière. — *Wir haben ebenso viele Studenten wie im letzten Jahr.*

auteur (m.) [otœʀ] — *Autor, Verfasser*
C'est vous, l'auteur de cet article? — *Sind Sie der Verfasser dieses Artikels?*

autobus / bus (m.) [otobys / bys] — *Bus [Stadtverkehr]*
L'autobus n'est jamais à l'heure! — *Der Bus ist nie pünktlich!*

autocar / car (m.) [otokaʀ / kaʀ] — *Bus [Fernverkehr]*
Nous voyageons en car. — *Wir fahren mit dem Bus.*

automatique [otomatik] — *automatisch*
J'ai mis mes bagages à la consigne automatique. — *Ich habe mein Gepäck ins Gepäckschließfach gebracht / getan.*

autoroute (f.) [otoʀut] — *Autobahn*
Prenez l'autoroute! — *Nehmen Sie die Autobahn!*

autour de [otuʀ] — *um . . . herum*
Nous sommes assis autour d'une table. — *Wir sitzen um einen Tisch herum.*

autre [otʀ] — *anderer*
Cette chambre n'est pas aussi calme que les autres. — *Dieses Zimmer ist nicht so ruhig wie die anderen.*
L'autre jour, j'ai rencontré Pierre à la gare. — *Neulich habe ich Pierre am Bahnhof getroffen.*

autrement [otʀəmɑ̃] — *anders*
Vous pouvez faire autrement. — *Sie können es anders machen.*

avance (f.) [avɑ̃s] — *Voraus [zeitlicher Vorsprung]*
Je suis arrivée en avance. — *Ich bin zu früh / früher gekommen.*
Je préfère payer d'avance. — *Ich zahle lieber im Voraus.*
Je vous préviendrai à l'avance. — *Ich werde Sie vorher benachrichtigen / verständigen.*

avant [avɑ̃] — *vor*
Votre voiture ne sera pas prête avant 4 ou 5 jours. — *Ihr Wagen ist frühestens in vier oder fünf Tagen fertig.*
Qu'est-ce que vous avez fait avant? — *Was haben Sie vorher gemacht?*
Ça s'est déjà passé la semaine d'avant. — *Das ist schon in der Woche davor passiert.*

avant de [avɑ̃də] — *vor, bevor*
Lavez-vous les mains avant de manger! — *Wascht euch vor dem Essen die Hände!*

avant que [avɑ̃kə]
Essayez de finir avant qu'il n'arrive.

bevor
Versucht fertig zu werden, bevor er kommt.

avant-hier [avɑ̃tjɛʀ]
Je l'ai vu avant-hier.

vorgestern
Ich habe ihn vorgestern gesehen / getroffen.

avec [avɛk]
Venez avec toute la famille!
Avec plaisir!

mit
Kommen Sie mit der ganzen Familie!
Mit Vergnügen!

avenir (m.) [avniʀ]
C'est un métier d'avenir.

Zukunft
Das ist ein zukunftsträchtiger Beruf / ein Zukunftsberuf.

avenue (f.) [avny]
Elle habite avenue de la Gare.

Avenue, Allee
Sie wohnt in der Avenue de la Gare.

avion (m.) [avjõ]
Il n'aime pas voyager en avion.

Flugzeug
Er fliegt nicht gerne.

avis (m.) [avi]
Je ne suis pas tout à fait de votre avis.

Meinung, Ansicht
Ich bin nicht so ganz Ihrer Meinung.

avoir [avwaʀ]
Il a deux enfants.
Quel âge a-t-il?
Il y a encore du pain.
Il n'y a pas de quoi.
J'ai quelque chose à vous dire.

haben
Er hat zwei Kinder.
Wie alt ist er?
Wir haben noch Brot. / Da ist noch Brot.
Schon gut, macht nichts.
Ich muss Ihnen etwas sagen.

B

bac(calauréat) (m.) [bak / bakaloʀea]
Elle a passé son bac l'année dernière.

Abi, Abitur
Sie hat ihr Abitur letztes Jahr gemacht.

bagages (m. pl.) [bagaʒ]
J'ai mis mes bagages à la consigne automatique.

Gepäck
Ich habe mein Gepäck ins Gepäckschließfach gebracht / getan.

se baigner [səbeɲe]
On peut se baigner dans le lac?

baden
Kann man im See baden?

bain (m.) [bɛ̃]
Les enfants ont déjà pris leur bain?

Bad
Haben die Kinder schon gebadet?

baisser [bese]
Les prix ont baissé.

sinken
Die Preise sind gesunken.

balade (f.) [balad]	*Spaziergang*
Pourquoi ne pas faire une balade en forêt?	*Warum sollten wir keinen Waldspaziergang machen? / Wir könnten doch einen Waldspaziergang machen.*
balcon (m.) [balkõ]	*Balkon*
Je cherche un appartement avec balcon.	*Ich suche eine Wohnung mit Balkon.*
banc (m.) [bɑ̃]	*Bank*
Je suis fatiguée. On s'assoit sur un banc?	*Ich bin müde. Setzen wir uns auf eine Bank?*
bancaire [bɑ̃kɛʀ]	*Bank- [gehört zu banque]*
Avec une carte bancaire, vous pouvez prendre de l'argent à la billetterie.	*Mit einer Kreditkarte können Sie am Geldautomaten Geld entnehmen.*
bande (f.) [bɑ̃d]	*Gruppe*
Pierre et Arnaud viennent avec toute une bande de copains.	*Pierre und Arnaud kommen mit einer ganzen Truppe / Gruppe von Freunden.*
banlieue (f.) [bɑ̃ljø]	*Außenbezirke, Vororte, Stadtrand*
Il habite en banlieue.	*Er wohnt am Stadtrand.*
banque (f.) [bɑ̃k]	*Bank [Geldinstitut]*
La banque est au coin de la rue.	*Die Bank ist an der Ecke der Straße.*
bas, -se [ba / bas]	*niedrig, tief, leise*
La température est trop basse pour la saison.	*Die Temperatur ist für die Jahreszeit zu niedrig.*
Cette table est très basse.	*Dieser Tisch ist sehr niedrig.*
Il parle à voix basse.	*Er spricht leise.*
en bas [ɑ̃ba]	*unten*
Je t'attends en bas.	*Ich warte unten auf dich.*
bateau (m.) [bato]	*Schiff, Boot*
Nous avons fait un tour en bateau.	*Wir haben einen Ausflug mit dem Schiff gemacht.*
bâtiment (m.) [batimɑ̃]	*Gebäude*
Et voilà le bâtiment le plus ancien de la ville!	*Und das ist das älteste Gebäude der Stadt!*
beau, bel, belle [bo / bɛl / bɛl]	*schön*
Aujourd'hui, il fait beau.	*Heute ist es schön / schönes Wetter.*
C'est un bel homme.	*Das ist ein schöner Mann.*
On a une belle vue d'ici.	*Von hier hat man einen schönen Blick.*
beaucoup [boku]	*viel*
Il y a beaucoup de monde sur la plage.	*Am Strand ist viel los / sind viele Leute.*
Ça me plaît beaucoup.	*Das gefällt mir sehr / gut.*
Il travaille beaucoup trop.	*Er arbeitet viel zu viel.*

bébé (m.) [bebe] — *Baby*
Elle l'a eu quand, son bébé? — *Wann hat sie denn ihr Baby bekommen?*

besoin (m.) [bəzwɛ̃] — *Bedarf*
J'ai besoin d'argent. — *Ich brauche Geld.*

beurre (m.) [bœʀ] — *Butter*
Tu peux me passer le beurre, s'il te plaît? — *Kannst du mir bitte die Butter geben / reichen?*

bibliothèque (f.) [bibliotɛk] — *Bibliothek*
Elle prend tous ses livres à la bibliothèque. — *Sie holt sich alle Bücher aus der Bibliothek.*

bien [bjɛ̃] — *gut, wohl*
Il a bien travaillé. — *Er hat gut gearbeitet.*
J'aimerais bien partir au soleil. — *Ich möchte gerne in Richtung Sonne fahren / verreisen.*
Vous êtes bien Mademoiselle Dubois? — *Sind Sie nicht Mademoiselle Dubois?*
Très bien, c'est d'accord! — *Sehr gut, einverstanden!*
Merci bien! — *Vielen Dank!*
Eh bien, merci beaucoup. — *Nun also, vielen Dank!*

bien sûr [bjɛ̃syʀ] — *natürlich, selbstverständlich*
Vous viendrez à la fête? – Bien sûr! — *Kommen Sie zum Fest? – Na klar! / Natürlich!*

bientôt [bjɛ̃to] — *bald*
J'espère vous revoir bientôt. — *Ich hoffe auf baldiges Wiedersehen.*
A bientôt! — *Bis bald!*

bière (f.) [bjɛʀ] — *Bier*
Je prendrai bien une bière. — *Ich nehme gerne ein Bier.*

billet (m.) [bijɛ] — *Fahrkarte*
Un billet aller et retour, s'il vous plaît. — *Eine Rückfahrkarte, bitte.*
Il y a un distributeur de billets devant la banque. — *Vor der Bank ist ein Geldautomat.*

billetterie (f.) [bijɛtʀi] — ~ automatique: *Fahrkartenautomat*
Avec une carte bancaire, vous pouvez prendre de l'argent à la billetterie. — *Mit einer Kreditkarte können Sie am Geldautomaten Geld entnehmen.*

blanc, blanche [blɑ̃ / blɑ̃ʃ] — *weiß*
Ce vin blanc est vraiment bon. — *Dieser Weißwein ist wirklich gut.*

blesser [blese] — *verletzen*
Il est blessé. Appelez vite un médecin! — *Er ist verletzt. Rufen Sie schnell einen Arzt!*

se blesser [səblese] — *sich verletzen*
Je me suis blessé au bras. — *Ich habe mich am Arm verletzt.*

bleu, -e [blø]
Jacques a une nouvelle voiture bleue.
blau
Jacques hat einen neuen, blauen Wagen.

blond, -e [blõ / blõd]
Il a les cheveux blonds.
blond
Er ist blond / hat blonde Haare.

bœuf (m.) [bœf]
Je préfère la viande de bœuf.
Rind
Ich mag lieber Rindfleisch.

boire [bwaʀ]
Vous voulez boire un café?
trinken
Möchten Sie einen Kaffee (trinken)?

bois (m.) [bwa]
Toutes les portes sont en bois.
On a fait une balade dans les bois.
Holz, Wald
Alle Türen sind aus Holz.
Wir sind im Wald spazieren gegangen.

boisson (f.) [bwasõ]
Qu'est-ce que vous prenez comme boisson?
Getränk
Was trinken Sie?

boîte (f.) [bwat]
Je cherche une boîte aux lettres.
Schachtel, Kasten
Ich suche einen Briefkasten.

bon, -ne [bõ / bɔn]
Ce vin blanc est vraiment bon.
Bonne chance!
gut
Dieser Weißwein ist wirklich gut.
Viel Glück!

bon [bõ]
Bon, alors on y va!
C'est bon, j'accepte.
gut
Na gut, also gehen wir!
In Ordnung, einverstanden.

bon marché [bõmaʀʃe]
Il a vendu sa maison bon marché.
billig
Er hat sein Haus billig verkauft.

bonheur (m.) [bɔnœʀ]
Tous mes vœux de bonheur!
Glück
Herzliche Glückwünsche!

bonjour [bõʒuʀ]
Bonjour, ça va?
guten Tag
Guten Tag, wie geht's?

bonsoir [bõswaʀ]
Bonsoir et à demain.
guten Abend
Guten Abend und bis morgen.

bord (m.) [bɔʀ]
On passe toujours nos vacances au bord de la mer.
Küste, Ufer
Wir verbringen unsere Ferien immer am Meer.

bouche (f.) [buʃ]
Ne parle pas la bouche pleine!
Mund
Sprich nicht mit vollem Mund!

boucherie (f.) [buʃʀi]
Est-ce qu'il y a une boucherie dans le quartier?
Schlachterei, Metzgerei, Fleischerei
Gibt es hier in der Gegend / in der Nähe eine Schlachterei?

bouchon (m.) [buʃõ]	*Stau*
Il y a un bouchon de 10 km sur l'autoroute.	*Auf der Autobahn ist ein Stau von 10 Kilometern.*
bouger [buʒe]	*(sich) bewegen*
Je ne peux plus bouger le bras droit.	*Ich kann den rechten Arm nicht mehr bewegen.*
boulangerie (f.) [bulɑ̃ʒʀi]	*Bäckerei*
La boulangerie est au coin de la rue.	*Die Bäckerei ist an der Ecke der Straße.*
boulot (m.) [bulo]	*Arbeit, Job*
Il fait des petits boulots.	*Er hat kleine Jobs.*
bout (m.) [bu]	*Ende*
Il habite au bout de la rue.	*Er wohnt am Ende der Straße.*
Il est parti au bout d'une heure.	*Nach einer Stunde ist er gegangen.*
bouteille (f.) [butɛj]	*Flasche*
Une bouteille d'eau minérale, s'il vous plaît.	*Eine Flasche Mineralwasser, bitte.*
bras (m.) [bʀa]	*Arm*
Je me suis cassé le bras.	*Ich habe mir den Arm gebrochen.*
bravo [bʀavo]	*bravo*
Bravo!	*Bravo!*
bref, brève [bʀɛf / bʀɛv]	*kurz*
Votre séjour a été bref.	*Ihr Aufenthalt war kurz.*
bricolage (m.) [bʀikolaʒ]	*Basteln*
Il a acheté la peinture au magasin de bricolage.	*Er hat die Farbe im Bastelladen gekauft.*
bricoler [bʀikole]	*basteln*
Quand j'ai le temps, je bricole.	*Wenn ich Zeit habe, bastele ich.*
bricoleur (m.), **bricoleuse** (f.) [bʀikolœʀ / bʀikoløz]	*Bastler, Bastlerin*
Mon mari est très bricoleur.	*Mein Mann ist ein großer Bastler.*
brosse (f.) [bʀɔs]	*Bürste*
Est-ce que tu as vu ma brosse à dents?	*Hast du meine Zahnbürste gesehen?*
brosser [bʀɔse]	*bürsten*
Je dois brosser mes chaussures.	*Ich muss meine Schuhe bürsten.*
se brosser [səbʀɔse]	*sich bürsten, putzen*
N'oublie pas de te brosser les dents!	*Vergiss nicht, dir die Zähne zu putzen!*
brouillard (m.) [bʀujaʀ]	*Nebel*
Attention: brouillard!	*Achtung, Nebel!*

bruit (m.) [bʀɥi] — *Lärm*
Je ne peux pas dormir à cause du bruit. — *Ich kann wegen des Lärms nicht schlafen.*

brûler [bʀyle] — *brennen*
La maison a brûlé. — *Das Haus hat gebrannt.*

se brûler [səbʀyle] — *sich verbrennen*
Il s'est brûlé la main. — *Er hat sich die Hand verbrannt.*

brusquement [bʀyskəmɑ̃] — *plötzlich, unvermutet*
Il a freiné brusquement et il a eu un accident. — *Er hat plötzlich gebremst und einen Unfall gehabt.*

bureau (m.) [byʀo] — *Büro*
Il travaille dans un bureau. — *Er arbeitet in einem Büro.*

bureau de change (m.) [byʀodʃɑ̃ʒ] — *Wechselstube*
Il y a des bureaux de change à la gare. — *Wechselstuben gibt es am Bahnhof.*

bureau de poste (m.) [byʀodpɔst] — *Post, Postamt*
Le bureau de poste est à côté de la gare. — *Die Post ist neben dem Bahnhof.*

bureau de tabac (m.) [byʀodtaba] — *Tabakladen*
Je cherche un bureau de tabac. — *Ich suche einen Tabakladen.*

but (m.) [byt] — *Ziel*
Quel est le but de sa visite? — *Welchen Zweck hat sein Besuch?*

C

ça, cela [sa / sla] — *das*
Arrêtez, ça suffit! — *Hört auf, das genügt!*
Je n'ai rien à ajouter à cela. — *Ich habe dem nichts hinzuzufügen.*

cabine téléphonique (f.) [kabintelefonik] — *Telefonzelle*
Il y a une cabine téléphonique près de chez nous. — *Eine Telefonzelle ist bei uns in der Nähe.*

cacher [kaʃe] — *verstecken*
Il cache quelque chose. — *Er verbirgt / versteckt / verheimlicht etwas.*

cadeau (m.) [kado] — *Geschenk*
On a reçu beaucoup de cadeaux pour notre mariage. — *Wir haben zu unserer Hochzeit viele Geschenke erhalten.*

cadre (m.) [kadʀ] — *Rahmen, (leitender) Angestellter*
On travaille dans un cadre agréable. — *Wir arbeiten in einer angenehmen Umgebung.*
Il est cadre supérieur. — *Er ist ein höherer Angestellter.*

café (m.) [kafe] — *Kaffee, Café*
Ton café est un peu fort. — *Dein Kaffee ist ein wenig stark.*
On rentre dans ce café? — *Gehen wir in dieses Café?*

caisse (f.) [kɛs] — *Kasse*
Payez à la caisse, s'il vous plaît. — *Bezahlen Sie bitte an der Kasse.*

calme [kalm] — *ruhig*
Ce quartier est très calme. — *Dieser Stadtteil / diese Gegend ist sehr ruhig.*

camion (m.) [kamjõ] — *Lastwagen*
Il y avait beaucoup de camions sur la route. — *Es waren viele Lastwagen auf der Straße.*

campagne (f.) [kɑ̃paɲ] — *Land*
J'aime la vie de campagne. — *Ich habe das Landleben gerne.*

camping (m.) [kɑ̃piŋ] — *Camping, das Zelten*
On a fait du camping. — *Wir haben gezeltet.*

capable [kapabl] — *fähig*
Cet enfant est très capable. — *Dieses Kind ist sehr fähig / begabt.*

incapable [ɛ̃kapabl] — *unfähig*
C'est un incapable! — *Der ist einfach unfähig!*

capitale (f.) [kapital] — *Hauptstadt*
Elle habite la capitale. — *Sie wohnt in der Hauptstadt.*

car [kaʀ] — *denn*
Il ne viendra pas, car il est malade. — *Er kommt nicht, denn er ist krank.*

caractère (m.) [kaʀaktɛʀ] — *Charakter*
Il a mauvais caractère. — *Er hat einen schlechten Charakter.*

carnet (m.) [kaʀnɛ] — *Heft*
Un ticket ou un carnet? — *Einen Einzelfahrschein oder einen Zehnerblock?*

carrefour (m.) [kaʀfuʀ] — *Kreuzung*
Au carrefour, vous tournez à droite. — *An der Kreuzung biegen Sie rechts ab.*

carte (f.) [kaʀt] — *Karte*
On joue aux cartes? — *Wollen wir Karten spielen?*
Voilà la carte des vins. — *Hier ist die Weinkarte.*

carte bancaire [kaʀtbɑ̃kɛʀ]
Avec une carte bancaire, vous pouvez prendre de l'argent à la billetterie.

Kreditkarte
Mit einer Kreditkarte können Sie am Geldautomaten Geld entnehmen.

carte d'identité [kaʀtdidɑ̃tite]
Montrez-moi votre carte d'identité!

Ausweis
Zeigen Sie mir Ihren Ausweis!

carte postale [kaʀtpɔstal]
Il nous a envoyé une carte postale d'Italie.

Postkarte
Er hat uns eine Postkarte aus Italien geschickt.

cas (m.) [ka]
Tu es libre. Dans ce cas, passe nous voir!

Fall
Du hast frei / hast Zeit. Also komm uns besuchen!

casser [kase]
J'ai cassé un verre.

zerbrechen
Ich habe ein Glas kaputtgemacht / zerbrochen.

se casser [səkase]
Je me suis cassé le bras.

sich brechen
Ich habe mir den Arm gebrochen.

cassette (f.) [kasɛt]
Le soir, ma fille écoute des cassettes.
J'ai regardé une cassette vidéo.

Kassette
Abends hört meine Tochter Kassetten.
Ich habe mir eine Videokassette angesehen.

à cause de [akozdə]
On ne peut pas sortir à cause du mauvais temps.

wegen
Wir können wegen des schlechten Wetters nicht nach draußen gehen / ausgehen.

cave (f.) [kav]
Va chercher du vin à la cave!

Keller
Hol Wein aus dem Keller!

CD (m.) [sede]
Tu as écouté le dernier CD de Pavarotti?

CD
Hast du die letzte CD von Pavarotti gehört?

CD-ROM (m.) [sedeʀɔm]
J'ai acheté un bon cours de français sur CD-ROM.

CD-ROM
Ich habe mir einen guten Französischkurs auf CD-ROM gekauft.

ce, cet, cette, ces [sə / sɛt / sɛt / se]
Cet enfant est vraiment intelligent.

dieser, diese, dieses
Dieses Kind ist wirklich sehr intelligent.

ceinture (f.) [sɛ̃tyʀ]
Mettez votre ceinture de sécurité!

Gürtel
Schnallen Sie sich an! / Legen Sie den Gurt an!

célèbre [selɛbʀ]
Connaissez-vous des hommes français célèbres?

berühmt
Kennen Sie berühmte Franzosen?

célibataire [selibatɛʀ] — *Junggeselle, Junggesellin*
Il est célibataire. — *Er ist Junggeselle.*

celui, celle, ceux, celles [səlɥi / sɛl / sø / sɛl] — *dieser, diese, dieses*
J'ai raté mon train et celui de demain ne part qu'à 7h47! — *Ich habe meinen Zug verpasst und der morgen fährt erst um 7.47 Uhr ab!*

centime (m.) [sɑ̃tim] — *Centime*
Il me manque encore 10 centimes. — *Mir fehlen noch 10 Centimes.*

centimètre (m.) [sɑ̃timɛtʀ] — *Zentimeter*
Cette robe est trop longue d'au moins 10 centimètres. — *Dieses Kleid ist mindestens 10 cm zu lang.*

central, -e [sɑ̃tʀal] — *zentral*
J'habite dans un quartier très central. — *Ich wohne in einem ganz zentralen Stadtteil.*

centrale nucléaire (f.) [sɑ̃tʀalnykleɛʀ] — *Kernkraftwerk*
On va construire une nouvelle centrale nucléaire. — *Man wird ein neues Kernkraftwerk bauen.*

centre (m.) [sɑ̃tʀ] — *Zentrum*
C'est un centre de formation. — *Das ist ein Bildungszentrum.*
J'habite en plein centre. — *Ich wohne mitten in der Stadt.*

centre commercial [sɑ̃tʀəkɔmɛʀsjal] — *Einkaufszentrum*
Il y a un centre commercial dans le quartier? — *Gibt es in dieser Gegend / diesem Stadtteil ein Einkaufszentrum?*

centre ville (m.) [sɑ̃tʀəvil] — *Stadtzentrum, Stadtmitte*
Prenez la direction centre ville. — *Fahren Sie in Richtung Stadtmitte.*

certain, -e [sɛʀtɛ̃ / sɛʀtɛn] — *gewiss, bestimmt*
Je suis certaine que tu réussiras. — *Ich bin sicher, dass du Erfolg haben wirst.*

incertain, -e [ɛ̃sɛʀtɛ̃ / ɛ̃sɛʀtɛn] — *ungewiss, unbestimmt*
Le temps est incertain. — *Das Wetter ist unsicher.*

certainement [sɛʀtɛnmɑ̃] — *gewiss, bestimmt*
Je vais certainement le voir ce soir. — *Ich sehe ihn bestimmt heute Abend.*

certificat (m.) [sɛʀtifika] — *Zertifikat*
Mon fils a déjà passé le Certificat Européen de Français. — *Mein Sohn hat schon das Europäische Französisch-Zertifikat abgelegt.*

chacun, -e [ʃakɛ̃ / ʃakyn] — *jeder, jede*
Chacun devra payer 30 euro. — *Jeder wird 30 Euro bezahlen müssen.*

chaîne (f.) [ʃɛn] — *Kette, Fernsehsender*
Le film passe sur quelle chaîne? — *Auf welchem Sender läuft der Film?*

chaise (f.) [ʃɛz]	*Stuhl*
Il a acheté de nouvelles chaises de cuisine.	*Er hat neue Küchenstühle gekauft.*
chaleur (f.) [ʃalœʀ]	*Hitze*
Quelle chaleur aujourd'hui!	*Was ist das für eine Hitze heute!*
chambre (f.) [ʃɑ̃bʀ]	*Zimmer*
Vous avez encore une chambre de libre?	*Haben Sie noch ein Zimmer frei?*
champ (m.) [ʃɑ̃]	*Feld*
Derrière chez nous il y a un grand champ de fleurs.	*Hinter unserem Haus ist eine große Blumenwiese.*
chance (f.) [ʃɑ̃s]	*Chance, Glück*
Il a des chances de réussir.	*Er hat Aussicht darauf, dass er besteht / dass es ihm gelingt.*
Bonne chance!	*Viel Glück!*
changement (m.) [ʃɑ̃ʒmɑ̃]	*Änderung*
Ce soir, il y a un changement de programme à la télévision.	*Das Fernsehprogramm für heute Abend ist geändert worden.*
changer [ʃɑ̃ʒe]	*wechseln, (sich) ändern, tauschen*
Où est-ce qu'on peut changer de l'argent?	*Wo kann man Geld wechseln?*
Il faut changer de train à Lyon.	*Wir müssen / Man muss in Lyon umsteigen.*
Le temps va changer.	*Das Wetter wird sich ändern.*
Il faut que je change de l'argent à la banque.	*Ich muss auf der Bank Geld wechseln.*
chanson (f.) [ʃɑ̃sõ]	*Lied, Chanson*
Vous connaissez des chansons françaises?	*Kennen Sie französische Lieder / Chansons?*
chanter [ʃɑ̃te]	*singen*
Il chante bien.	*Er singt gut.*
chapeau (m.) [ʃapo]	*Hut*
J'ai laissé mon chapeau au restaurant.	*Ich habe meinen Hut im Restaurant liegen lassen.*
chaque [ʃak]	*jeder, jede*
Chaque matin, je prends ma douche.	*Ich dusche jeden Morgen.*
charcuterie (f.) [ʃaʀkytʀi]	*Fleischerei, Metzgerei, Schlachterei*
La charcuterie est au coin de la rue.	*Die Fleischerei / Metzgerei / Schlachterei ist an der Ecke der Straße.*
charmant, -e [ʃaʀmɑ̃ / ʃaʀmɑ̃t]	*charmant, reizend*
Elle est vraiment charmante.	*Sie ist wirklich reizend.*

chat, chatte [ʃa / ʃat]	*Katze*
Ils ont deux chats.	*Sie haben zwei Katzen.*
château (m.) [ʃato]	*Schloss*
Nous avons visité tous les châteaux de la Loire.	*Wir haben alle Loire-Schlösser besichtigt.*
chaud, -e [ʃo / ʃod]	*warm, heiß*
Il n'y a pas d'eau chaude ici.	*Es gibt hier kein warmes Wasser.*
chauffage (m.) [ʃofaʒ]	*Heizung*
Vous avez le chauffage central?	*Haben Sie Zentralheizung?*
chauffer [ʃofe]	*heizen, wärmen, heiß machen*
Je vais faire chauffer de l'eau pour le thé.	*Ich werde Wasser für den Tee heiß machen.*
réchauffer [ʀeʃofe]	*aufwärmen, wieder heiß machen*
Il faut réchauffer ce repas.	*Das Essen muss aufgewärmt werden.*
chauffeur (m.) [ʃofœʀ]	*Fahrer, Fahrerin*
Elle est chauffeur de taxi.	*Sie ist Taxifahrerin.*
chaussette (f.) [ʃosɛt]	*Socke*
Il porte des chaussettes blanches.	*Er trägt weiße Socken.*
chaussure (f.) [ʃosyʀ]	*Schuh*
Mes chaussures me font mal.	*Die Schuhe drücken.*
chef (m.) [ʃɛf]	*Chef, Chefin*
Elle est chef d'entreprise.	*Sie ist Firmenchefin.*
chemin (m.) [ʃ(ə)mɛ̃]	*Weg*
Vous pouvez m'indiquer le chemin de la gare?	*Können Sie mir sagen, wie ich zum Bahnhof komme?*
chemin de fer (m.) [ʃ(ə)mɛ̃dfɛʀ]	*Eisenbahn*
Je préfère voyager en chemin de fer.	*Ich fahre lieber mit der Bahn.*
chemise (f.) [ʃ(ə)miz]	*Hemd*
Il s'est acheté trois chemises.	*Er hat sich drei Hemden gekauft.*
chèque (m.) [ʃɛk]	*Scheck*
Je peux vous faire un chèque?	*Kann ich Ihnen einen Scheck geben?*
cher, chère [ʃɛʀ]	*liebe(r), teuer*
Chère Jacqueline, ... [lettre]	*Liebe Jacqueline, ... [Anrede im Brief]*
La vie est chère!	*Ist das Leben teuer!*
chercher [ʃɛʀʃe]	*suchen*
Il cherche du travail.	*Er sucht Arbeit.*
Je viendrai vous chercher à 3 heures.	*Ich hole Sie um 3 Uhr ab.*

rechercher [RəʃɛRʃe]	*(wieder) suchen, wieder abholen*
J'irai rechercher les enfants à l'école.	*Ich hole die Kinder wieder von der Schule ab.*
Cette entreprise recherche deux secrétaires.	*Diese Firma sucht zwei Sekretärinnen.*
cheval (m.) [ʃ(ə)val]	*Pferd*
Je fais du cheval tous les samedis.	*Ich reite jeden Samstag / Sonnabend.*
cheveux (m. pl.) [ʃ(ə)vø]	*Haare*
Il a les cheveux blonds.	*Er ist blond / hat blonde Haare.*
chez [ʃe]	*bei, zu*
Elle habite chez ses parents.	*Sie wohnt bei ihren Eltern.*
Je vais chez le dentiste.	*Ich gehe zum Zahnarzt.*
chien (m.) [ʃjɛ̃]	*Hund*
J'aime bien les chiens.	*Ich habe Hunde gern.*
chiffre (m.) [ʃifR]	*Ziffer*
Mon numéro de téléphone a huit chiffres.	*Meine Telefonnummer hat acht Ziffern.*
chocolat (m.) [ʃokola]	*Schokolade*
Moi, je prends un chocolat.	*Für mich bitte eine Schokolade / einen Kakao.*
choisir [ʃwaziR]	*wählen*
Vous avez déjà choisi?	*Haben Sie schon gewählt?*
chômage (m.) [ʃomaʒ]	*Arbeitslosigkeit*
L'année dernière, le chômage a beaucoup augmenté.	*Im letzten Jahr hat die Arbeitslosigkeit stark zugenommen.*
chômeur (m.), **chômeuse** (f.) [ʃomœR / ʃomøz]	*Arbeitsloser, Arbeitslose*
Il y a beaucoup de chômeurs en France.	*In Frankreich gibt es viele Arbeitslose.*
chose (f.) [ʃoz]	*Sache*
Vous avez oublié quelque chose?	*Haben Sie etwas vergessen?*
C'est une chose à ne pas faire.	*Das darf / sollte man nicht machen.*
ciel (m.) [sjɛl]	*Himmel*
Ici, le ciel est toujours bleu.	*Hier ist der Himmel immer blau.*
cigarette (f.) [sigaRɛt]	*Zigarette*
Il fume un paquet de cigarettes par jour.	*Er raucht ein Päckchen Zigaretten pro Tag.*
cinéma (m.) [sinema]	*Kino*
Je préfère le cinéma au théâtre.	*Ich mag Kino lieber als Theater.*

circulation (f.) [siʀkylasjõ]
Il y a beaucoup de circulation sur l'autoroute.
Verkehr
Auf der Autobahn ist viel Verkehr.

ciseaux (m. pl.) [sizo]
Mes ciseaux ne coupent plus.
Schere
Meine Schere schneidet nicht mehr.

citron (m.) [sitʀõ]
Un citron pressé, s'il vous plaît!
Zitrone
Einen frisch gepressten Zitronensaft, bitte!

clair, -e [klɛʀ]
L'appartement est très clair.
hell, klar
Die Wohnung ist sehr hell.

classe (f.) [klas]
Vous voyagez en première classe?
Klasse
Fahren Sie erster Klasse?

classique [klasik]
J'aime bien la musique classique.
klassisch
Ich habe klassische Musik gern.

clé / clef (f.) [kle / kle]
Je cherche mes clés de voiture.
Schlüssel
Ich suche meine Autoschlüssel.

client (m.), **-e** (f.) [kliɑ̃ / kliɑ̃t]
Il n'est pas aimable avec les clients.
Kunde, Kundin
Er ist unfreundlich zu den Kunden.

climat (m.) [klima]
C'est un climat assez humide.
Klima
Das ist ein ziemlich feuchtes Klima.

club (m.) [klœb]
Ils sont membres d'un club sportif.
Club
Sie sind Mitglieder in einem Sportverein.

cœur (m.) [kœʀ]
J'ai mal au cœur.
Herz
Mir ist schlecht.

coiffeur (m.), **coiffeuse** (f.) [kwafœʀ / kwaføz]
J'ai pris un rendez-vous chez le coiffeur.
Friseur, Friseurin
Ich habe einen Termin beim Friseur.

coin (m.) [kwɛ̃]
Le syndicat d'initiative est là-bas, au coin de la rue.
Ecke
Das Verkehrsbüro ist da unten, an der Ecke der Straße.

collection (f.) [kɔlɛksjõ]
Tu me montres ta collection de timbres?
Sammlung
Zeigst du mir deine Briefmarkensammlung?

collège (m.) [kɔlɛʒ]
Ma fille va au collège.
Collège [weiterführende Schule]
Meine Tochter geht ins Collège.

collègue (m. / f.) [kɔlɛg]
Je vous présente un de mes collègues.
Kollege, Kollegin
Darf ich Ihnen einen Kollegen vorstellen?

combien [kõbjɛ̃] — *wie viel*
Combien de temps veux-tu la garder? — *Wie lange willst du sie behalten?*
Combien coûte le supplément? — *Wie viel kostet der Zuschlag?*
Il vous en faut combien? — *Wie viel brauchen Sie (davon)?*
Vous faites du combien? – Du 40. — *Welche Größe haben Sie? – 40.*

commander [kɔmɑ̃de] — *bestellen*
Qu'est-ce qu'on commande? — *Was bestellen wir?*

comme [kɔm] — *wie, als*
Elle est comme son frère. — *Sie ist wie ihr Bruder.*
Faites comme chez vous. — *Fühlen Sie sich wie zu Hause.*
Qu'est-ce qu'on prend comme hors-d'œuvre? — *Was nehmen wir als Vorspeise?*
Comme il neigeait, je suis restée à la maison. — *Weil es schneite, bin ich zu Hause geblieben.*

commencer [kɔmɑ̃se] — *anfangen*
Elle a commencé à travailler la semaine dernière. — *Letzte Woche hat sie angefangen zu arbeiten.*

recommencer [ʀəkɔmɑ̃se] — *wieder anfangen*
Le mauvais temps a recommencé. — *Das Wetter ist wieder schlecht geworden.*

comment [kɔmɑ̃] — *wie*
Dis-moi comment tu fais. — *Sag mir, wie du das machst.*
Comment allez-vous? — *Wie geht es Ihnen?*

commerçant (m.), **-e** (f.) [kɔmɛʀsɑ̃ / kɔmɛʀsɑ̃t] — *Geschäftsmann, -frau, Händler, -in*
Il est commerçant. — *Er ist Händler.*

commerce (m.) [kɔmɛʀs] — *Handel*
Il est dans le commerce. — *Er ist im Handel tätig.*

commercial, -e [kɔmɛʀsjal] — *Handels-*
Il y a un centre commercial dans le quartier? — *Gibt es in der Gegend / in diesem Viertel ein Einkaufszentrum?*

commissariat (m.) [kɔmisaʀja] — *Kommissariat*
Où est le commissariat de police? — *Wo ist die Polizeiwache?*

commun, -e [kɔmɛ̃ / kɔmyn] — *gemeinsam*
Ils ont un point commun: la musique. — *Sie haben etwas Gemeinsames: die Musik.*

communication (f.) [kɔmynikasjõ] — *Kommunikation, Verbindung*
Un instant, je vous passe la communication. — *Einen Augenblick, ich übergebe / verbinde.*

comparable [kõpaʀabl] — *vergleichbar*
Ces deux choses ne sont pas comparables. — *Die beiden Dinge sind nicht vergleichbar.*

incomparable [ɛ̃kõpaʀabl]	*unvergleichlich*
C'est incomparable.	*Das ist nicht vergleichbar.*
comparer [kõpaʀe]	*vergleichen*
Je compare toujours les prix.	*Ich vergleiche immer die Preise.*
complet, complète [kõplɛ / kõplɛt]	*vollständig, komplett, ausgebucht*
L'hôtel est complet.	*Das Hotel ist ausgebucht.*
complètement [kõplɛtmɑ̃]	*vollständig, völlig*
J'ai complètement oublié ce rendez-vous!	*Ich habe dieses Treffen / diesen Termin völlig vergessen!*
compliqué, -e [kõplike]	*kompliziert*
La vie est bien compliquée!	*Das Leben ist ziemlich kompliziert!*
composter [kõpɔste]	*entwerten*
N'oubliez pas de composter vos billets!	*Vergessen Sie nicht, Ihre Fahrkarten zu entwerten!*
comprendre [kõpʀɑ̃dʀ]	*verstehen*
Je ne vous ai pas bien compris.	*Ich habe Sie nicht gut verstanden.*
compris [kõpʀi]	*einschließlich*
La chambre coûte 45 €, tout compris.	*Das Zimmer kostet 45 Euro, alles inbegriffen.*
compte (m.) [kõt]	*Konto*
Je voudrais ouvrir un compte bancaire.	*Ich möchte ein Bankkonto eröffnen.*
compter [kõte]	*zählen*
Peux-tu compter les tickets?	*Kannst du die Fahrkarten zählen?*
concert (m.) [kõsɛʀ]	*Konzert*
On va au concert ce soir?	*Gehen wir heute Abend ins Konzert?*
conclusion (f.) [kõklyzjõ]	*Folge, Folgerung*
Conclusion: il n'y a plus rien à faire.	*Schlussfolgerung / Schlussendlich: Es ist nichts mehr zu machen.*
condition (f.) [kõdisjõ]	*Bedingung*
Il travaille dans de bonnes conditions.	*Er hat gute Arbeitsbedingungen.*
conducteur, conductrice [kõdyktœʀ / kõdyktʀis]	*Fahrer, Fahrerin*
Le conducteur de la voiture a été blessé.	*Der Fahrer des Wagens ist verletzt worden.*
conduire [kõdɥiʀ]	*fahren*
Vous savez conduire?	*Können Sie Auto fahren?*
C'est mon mari qui conduit les enfants à l'école.	*Die Kinder werden von meinem Mann zur Schule gefahren.*

conférence (f.) [kõferɑ̃s]	*Konferenz, Vortrag, Vorlesung*
Nous avons assisté à une conférence intéressante.	*Wir haben an einer interessanten Vorlesung teilgenommen.*
confiance (f.) [kõfjɑ̃s]	*Vertrauen*
Je n'ai pas confiance en lui.	*Ich habe kein Vertrauen in ihn.*
confirmation (f.) [kõfirmasjõ]	*Bestätigung*
Je vous envoie une confirmation par fax.	*Ich schicke Ihnen eine Bestätigung per Fax.*
confirmer [kõfirme]	*bestätigen*
Ils nous ont confirmé notre réservation.	*Sie haben uns die Reservierung bestätigt.*
confiture (f.) [kõfityr]	*Marmelade*
Tu prends de la confiture?	*Nimmst du Marmelade?*
confort (m.) [kõfɔr]	*Komfort*
C'est un hôtel tout confort.	*Das ist ein Hotel mit allem Komfort.*
confortable [kõfɔrtabl]	*bequem, gemütlich*
Notre chambre est assez confortable.	*Unser Zimmer ist recht gemütlich / gut eingerichtet.*
inconfortable [ɛ̃kõfɔrtabl]	*unbequem*
Ce fauteuil est inconfortable.	*Dieser Sessel ist unbequem.*
congé (m.) [kõʒe]	*Urlaub*
Il a pris une semaine de congé.	*Er hat eine Woche Urlaub genommen.*
Elle est en congé de maladie.	*Sie ist krankgeschrieben.*
congélateur (m.) [kõʒelatœr]	*Kühltruhe*
La glace est dans le congélateur.	*Das Eis ist in der Kühltruhe.*
connaissance (f.) [kɔnɛsɑ̃s]	*Kenntnis, Bekanntschaft*
Vous avez déjà fait la connaissance de Monsieur Didier?	*Haben Sie Herrn Didier schon kennen gelernt?*
Vous avez des connaissances en langues?	*Haben Sie Sprachkenntnisse?*
connaître [kɔnɛtr]	*kennen*
Vous connaissez les Martin?	*Kennen Sie die Martins?*
conseil (m.) [kõsɛj]	*Rat*
Pourriez-vous me donner un conseil?	*Könnten Sie mir einen Rat geben?*
conseiller [kõsɛje]	*raten, beraten*
Qu'est-ce que vous me conseillez comme hors-d'œuvre?	*Was empfehlen Sie mir als Vorspeise?*
déconseiller [dekõsɛje]	*abraten*
Je vous déconseille d'aller voir ce film.	*Ich rate Ihnen davon ab, sich diesen Film anzusehen.*

conséquence (f.) [kõsekɑ̃s]
Cette affaire aura des conséquences politiques.
Folge
Diese Angelegenheit wird politische Folgen haben.

consigne (f.) [kõsiɲ]
J'ai mis mes bagages à la consigne.
Gepäckaufbewahrung
Ich habe meine Koffer bei der Gepäckaufbewahrung.

consommateur (m.), **consommatrice** (f.) [kõsɔmatœʀ / kõsɔmatʀis]
Je suis membre d'une association de consommateurs.
Verbraucher, Verbraucherin
Ich bin Mitglied eines Verbraucherschutzvereins.

consommation (f.) [kõsɔmasjõ]
La consommation d'eau a beaucoup augmenté.
Verbrauch
Der Wasserverbrauch hat sehr zugenommen.

consommer [kõsɔme]
Ma voiture consomme beaucoup d'essence.
verbrauchen
Mein Wagen verbraucht viel Benzin.

construction (f.) [kõstʀyksjõ]
L'immeuble est en construction.
Bau
Das Gebäude ist im Bau.

construire [kõstʀɥiʀ]
On va construire une maison.
bauen
Wir werden ein Haus bauen.

consulat (m.) [kõsyla]
Où est le consulat de France?
Konsulat
Wo ist das Französische Konsulat?

contact (m.) [kõtakt]
On reste en contact, n'est-ce pas?
Prenez contact avec elle.
Kontakt, Verbindung
Wir bleiben in Verbindung, nicht wahr?
Setzen Sie sich mit ihr in Verbindung.

conteneur (m.) [kõtənœʀ]
Mettez les bouteilles en verre dans le conteneur.
Container
Werfen Sie die Glasflaschen in den Container.

content, -e [kõtɑ̃ / kõtɑ̃t]
Nous sommes bien contents de te revoir!
zufrieden
Wir freuen uns sehr, dich wieder zu sehen!

continuer [kõtinɥe]
C'est bien, continuez!
Il continue à / de pleuvoir.
fortsetzen, fortfahren
Gut so, weiter!
Es regnet weiter / immer noch.

contraire (m.) [kõtʀɛʀ]
Il fait toujours le contraire de ce qu'on lui dit.
Gegenteil
Er tut immer das Gegenteil von dem, was man ihm sagt.

au contraire [okõtʀɛʀ]
Il n'est pas méchant, au contraire il est très sympathique.
im Gegenteil
Er ist nicht bösartig, im Gegenteil, er ist sehr sympathisch.

contrat (m.) [kõtʀa]	*Vertrag*
Il a signé son contrat de travail.	*Er hat seinen Arbeitsvertrag unterschrieben.*
contre [kõtʀ]	*gegen, dagegen*
J'ai posé mon vélo contre le mur.	*Ich habe mein Fahrrad gegen die Mauer gelehnt.*
Je suis contre le nucléaire.	*Ich bin gegen die Kernkraft.*
Je n'ai rien contre.	*Ich habe nichts dagegen.*
contrôle (m.) [kõtʀol]	*Kontrolle*
Faites attention, il y a des contrôles de police sur la route!	*Passen Sie auf, da sind Polizeikontrollen auf der Straße!*
contrôler [kõtʀole]	*kontrollieren*
On vous a contrôlé à l'aéroport?	*Sind Sie am Flughafen kontrolliert worden?*
contrôleur (m.) [kõtʀolœʀ]	*Kontrolleur*
Il y avait plusieurs contrôleurs dans le train.	*Im Zug waren mehrere Kontrolleure.*
convaincre [kõvɛ̃kʀ]	*überzeugen, überreden*
Il a essayé de nous convaincre.	*Er hat versucht, uns zu überzeugen.*
Il réussira ses examens, j'en suis convaincue.	*Er wird seine Prüfungen bestehen, davon bin ich überzeugt.*
conversation (f.) [kõvɛʀsasjõ]	*Gespräch*
Nous avons eu une conversation très intéressante.	*Wir haben ein sehr interessantes Gespräch gehabt.*
copain (m.), **copine** (f.) [kopɛ̃ / kopin]	*Freund, Freundin, Kumpel*
Elle est partie avec des copains.	*Sie ist mit Freunden weggegangen / weggefahren.*
cordialement [kɔʀdjalmɑ̃]	*herzlich*
Cordialement [lettre]	*Herzliche Grüße [Schlussformel im Brief]*
corps (m.) [kɔʀ]	*Körper*
Il a des taches sur tout le corps.	*Er hat am ganzen Körper Flecken.*
correct, -e [kɔʀɛkt]	*korrekt*
C'était très correct de sa part.	*Das war sehr korrekt von ihm.*
correspondance (f.) [kɔʀɛspõdɑ̃s]	*Anschluss*
A quelle heure est-ce qu'il y a une correspondance pour Lyon?	*Wann gibt es einen Anschluss nach Lyon?*
corriger [kɔʀiʒe]	*verbessern*
Corrigez-moi quand je fais des fautes!	*Verbessern Sie mich, wenn ich Fehler mache!*

côte (f.) [kot]	*Küste, Ufer, Abhang*
Elle a une maison sur la côte atlantique.	*Sie hat ein Haus an der Atlantikküste.*
Ce n'est pas facile de monter la côte en vélo.	*Es ist nicht leicht, den Hang mit dem Fahrrad hinaufzufahren.*
Je vous conseille la côte de bœuf.	*Ich empfehle Ihnen das Rindersteak.*
à côté [akote]	*neben*
La boulangerie est à côté.	*Die Bäckerei ist nebenan.*
à côté de [akotedə]	*neben*
Il y a un cinéma à côté du restaurant.	*Neben dem Restaurant ist ein Kino.*
se coucher [səkuʃe]	*ins Bett gehen, schlafen gehen*
Je dois me coucher de bonne heure ce soir.	*Ich muss heute Abend früh ins Bett.*
couchette (f.) [kuʃɛt]	*Schlafwagen (-platz), Bettplatz*
On a réservé des couchettes dans le train de nuit.	*Wir haben / Es wurden Bettplätze im Nachtzug reserviert.*
couleur (f.) [kulœʀ]	*Farbe*
Je n'aime pas la couleur de sa voiture.	*Ich mag die Farbe seines Wagens nicht.*
couloir (m.) [kulwaʀ]	*Gang*
J'ai toujours peur dans les couloirs du métro.	*In den Metrogängen habe ich immer Angst.*
coup (m.) [ku]	*Schlag*
Cela ne valait pas le coup.	*Das lohnte die Mühe nicht.*
Je crois que j'ai pris un coup de soleil.	*Ich glaube, ich habe einen Sonnenbrand bekommen.*
couper [kupe]	*schneiden, sperren*
Ce couteau ne coupe pas.	*Dieses Messer schneidet nicht.*
On n'a pas pu passer, les routes étaient coupées.	*Wir sind nicht durchgekommen, die Straßen waren gesperrt.*
cour (f.) [kuʀ]	*Hof*
La fenêtre donne sur la cour.	*Das Fenster geht zum Hof hinaus.*
courage (m.) [kuʀaʒ]	*Mut*
J'admire son courage.	*Ich bewundere seinen Mut.*
Bon courage!	*Kopf hoch!*
couramment [kuʀamɑ̃]	*geläufig, fließend*
Il parle couramment français.	*Er spricht fließend Französisch.*
courir [kuʀiʀ]	*laufen*
Il court vite.	*Er läuft schnell.*
courrier (m.) [kuʀje]	*Post*
Je n'ai pas encore eu le temps de lire mon courrier.	*Ich habe noch nicht die Zeit dazu gehabt, meine Post zu lesen.*

cours (m.) [kuʀ]	*Kurs*
J'ai suivi des cours de français en Suisse.	*Ich habe in der Schweiz Französischkurse besucht.*
Quel est le cours de l'euro aujourd'hui?	*Wie ist heute der Kurs des Euro?*
courses (f. pl.) [kuʀs]	*Einkäufe*
Je fais mes courses en ville.	*Ich mache meine Einkäufe in der Stadt.*
court, -e [kuʀ / kuʀt]	*kurz*
Ta robe est trop courte.	*Dein Kleid ist zu kurz.*
couteau (m.) [kuto]	*Messer*
J'ai besoin d'un couteau de poche.	*Ich brauche ein Taschenmesser.*
coûter [kute]	*kosten*
Combien coûte le supplément?	*Wie viel kostet der Zuschlag?*
couverture (f.) [kuvɛʀtyʀ]	*Decke*
Tu me donnes une autre couverture? J'ai froid.	*Gibst du mir noch eine Decke? Mir ist kalt.*
crème (f.) [kʀɛm]	*Creme, Sahne*
Un café crème, s'il vous plaît!	*Einen Milchkaffee, bitte!*
Tu as de la crème pour les mains?	*Hast du Handcreme?*
crier [kʀije]	*schreien, rufen*
Ne crie pas si fort!	*Schrei nicht so laut!*
critique (f.) [kʀitik]	*Kritik*
Tu as déjà lu cette critique?	*Hast du diese Kritik schon gelesen?*
critiquer [kʀitike]	*kritisieren*
Les journaux critiquent le gouvernement.	*Die Zeitungen kritisieren die Regierung.*
croire [kʀwaʀ]	*glauben*
Pourquoi est-ce que tu ne veux pas me croire?	*Warum willst du mir nicht glauben?*
Je crois qu'il va venir à la fête.	*Ich glaube, er kommt zum Fest.*
Veuillez croire, Madame, Monsieur, à l'expression de mes sentiments les meilleurs. [lettre]	*Mit freundlichen Grüßen [Schlussformel im Brief]*
incroyable [ɛ̃kʀwajabl]	*unglaublich*
C'est incroyable!	*Das ist unglaublich!*
croissant (m.) [kʀwasɑ̃]	*Croissant*
Le dimanche, nous mangeons des croissants au petit-déjeuner.	*Sonntags essen wir Croissants zum Frühstück.*
cuiller / cuillère (f.) [kɥijɛʀ]	*Löffel*
Où sont les cuillères à café?	*Wo sind die Kaffeelöffel?*

cuir (m.) [kɥiʀ] — *Leder*
Il s'est acheté un manteau en cuir. — *Er hat sich einen Ledermantel gekauft.*

cuire [kɥiʀ] — *kochen, braten*
Ne fais pas trop cuire la viande! — *Brate das Fleisch nicht zu lange!*
Un steak bien cuit, s'il vous plaît! — *Ein Steak, gut durchgebraten, bitte!*

cuisine (f.) [kɥizin] — *Küche*
Je n'aime pas manger dans la cuisine. — *Ich esse nicht gerne in der Küche.*
Je n'aime pas faire la cuisine. — *Ich koche nicht gerne.*

curieux, curieuse [kyʀjø / kyʀjøz] — *neugierig, seltsam*
Vous êtes trop curieuse, Mademoiselle! — *Sie sind zu neugierig, Mademoiselle!*
C'est curieux qu'on ne le voie plus. — *Seltsam, dass man ihn nicht mehr sieht.*

D

danger (m.) [dɑ̃ʒe] — *Gefahr*
Elle aime bien le danger. — *Sie liebt die Gefahr sehr.*

dangereux, dangereuse [dɑ̃ʒʀø / dɑ̃ʒʀøz] — *gefährlich*
Virage dangereux! — *Gefährliche Kurve!*

dans [dɑ̃] — *in*
Je lui ai donné rendez-vous dans un café. — *Ich habe mich mit ihm / ihr in einem Café verabredet.*

danse (f.) [dɑ̃s] — *Tanz*
Elle suit des cours de danse. — *Sie macht / besucht einen Tanzkurs.*

danser [dɑ̃se] — *tanzen*
Je ne sais pas danser. — *Ich kann nicht tanzen.*

date (f.) [dat] — *Datum, Termin*
Vous restez jusqu'à quelle date? — *Bis wann / zu welchem Datum bleiben Sie?*

davantage [davɑ̃taʒ] — *mehr*
On devrait lire davantage. — *Man müsste mehr lesen.*

de, du, de l', de la, des [də / dy / dəl / dəla / de] — *von [Teilungsartikel]*
Je vais acheter de la bière. — *Ich werde Bier kaufen.*
On a encore du pain à la maison? — *Haben wir noch Brot im Haus?*
Que voulez-vous, ce ne sont que des enfants! — *Was wollen Sie, das sind doch nur Kinder!*

debout [dəbu] — *aufrecht, stehend*
Il est resté debout dans le train de Paris à Metz. — *Er hat im Zug von Paris bis Metz gestanden.*

se débrouiller [sədebʀuje] — *sich zu helfen wissen, zurechtkommen*
Il se débrouille assez bien en français. — *Er kommt ganz gut mit dem Französischen zurecht.*

début (m.) [deby] — *Anfang*
Il viendra début septembre. — *Er kommt Anfang September.*

débutant (m.), **-e** (f.) [debytɑ̃ / debytɑ̃t] — *Anfänger, Anfängerin*
C'est un cours pour débutants. — *Das ist ein Anfängerkurs.*

déchets (m. pl.) [deʃɛ] — *Abfall*
Jetez les déchets dans le conteneur! — *Werfen Sie den Abfall in den Container!*

décider [deside] — *entscheiden*
C'est décidé, nous achetons une maison. — *Es ist entschieden, wir kaufen ein Haus.*

se décider [sədeside] — *sich entschließen*
Il a vraiment du mal à se décider. — *Es fällt ihm wirklich schwer, sich zu entscheiden.*

décision (f.) [desizjɔ̃] — *Entscheidung*
Les ministres de l'agriculture devraient prendre une décision lundi. — *Die Landwirtschaftsminister werden wohl am Montag eine Entscheidung treffen.*

déclaration (f.) [deklaʀasjɔ̃] — *Erklärung*
Après les élections, le Président a fait une déclaration. — *Nach den Wahlen gab der Präsident eine Erklärung ab.*

déclarer [deklaʀe] — *erklären*
Je déclare la séance ouverte! — *Ich erkläre die Sitzung für eröffnet!*

déconseiller [dekɔ̃sɛje] — *abraten*
Je vous déconseille d'aller voir ce film. — *Ich rate Ihnen davon ab, sich diesen Film anzusehen.*

décrire [dekʀiʀ] — *beschreiben*
Vous pouvez me le décrire? — *Können Sie ihn mir beschreiben?*

dedans [dədɑ̃] — *darin*
Qu'est-ce qu'il y a là-dedans? — *Was ist da drin?*

défendre [defɑ̃dʀ] — *verbieten*
Il est défendu de fumer ici. — *Es ist verboten, hier zu rauchen.*

défense (f.) [defɑ̃s] — *Verteidigung, Verbot*
Il est ministre de la défense. — *Er ist Verteidigungsminister.*
Défense de fumer! — *Rauchen verboten!*

degré (m.) [dəgʀe]	*Grad*
Il fait 22 degrés à Nantes.	*In Nantes sind 22 Grad.*
dehors [dəɔʀ]	*draußen*
Les enfants, allez jouer dehors!	*Kinder, geht nach draußen zum Spielen!*
déjà [deʒa]	*schon*
Vous êtes déjà allé en France?	*Sind Sie schon einmal in Frankreich gewesen?*
déjeuner [deʒœne]	*zu Mittag essen*
On déjeune ensemble lundi?	*Essen wir Montagmittag zusammen?*
déjeuner (m.) [deʒœne]	*Mittagessen*
Le déjeuner est servi entre midi et 14 heures.	*Mittagessen von 12 bis 14 Uhr.*
petit déjeuner (m.) [pətideʒœne]	*Frühstück*
Au petit déjeuner, je mange des croissants.	*Zum Frühstück esse ich Croissants.*
demain [dəmɛ̃]	*morgen*
Vous pourrez le joindre demain matin à partir de 10 heures.	*Sie können ihn morgen früh ab 10 Uhr erreichen.*
après-demain [apʀɛdəmɛ̃]	*übermorgen*
Il arrive après-demain.	*Er kommt übermorgen an.*
demande (f.) [dəmɑ̃d]	*Antrag*
Sa demande a été refusée.	*Sein Antrag ist abgelehnt worden.*
demander [dəmɑ̃de]	*fragen, bitten*
Est-ce que je peux vous demander quelque chose?	*Kann ich Sie etwas fragen / um etwas bitten?*
Le patron de Brigitte lui a demandé de travailler jusqu'au 15 juillet.	*Brigittes Chef hat sie gebeten, bis zum 15. Juli zu arbeiten.*
redemander [ʀədəmɑ̃de]	*noch einmal fragen, bitten*
Je lui ai redemandé son adresse.	*Ich habe sie / ihn noch einmal nach ihrer / seiner Adresse gefragt.*
démarrer [demaʀe]	*anfahren, anspringen*
La voiture ne démarre pas.	*Der Wagen springt nicht an.*
déménager [demenaʒe]	*umziehen*
Ils ont déménagé il y a deux mois.	*Sie sind vor zwei Monaten umgezogen.*
demi, -e [dəmi]	*halb*
On s'est donné rendez-vous à trois heures et demie.	*Wir haben uns für halb vier (Uhr) verabredet.*
demi-pension (f.) [dəmipɑ̃sjõ]	*Halbpension*
Quel est le prix de la demi-pension?	*Wie teuer ist Halbpension?*

démocratie (f.) [demokʀasi]
Il a écrit un livre intéressant sur la démocratie française.
Demokratie
Er hat ein interessantes Buch über die französische Demokratie geschrieben.

démolir [demoliʀ]
Ils ont démoli toutes les vieilles maisons.
abreißen
Sie haben alle alten Häuser abgerissen.

démolition (f.) [demolisjɔ̃]
Tout le quartier est en démolition.
Abriss
Das ganze Viertel wird abgerissen.

dent (f.) [dɑ̃]
J'ai mal aux dents.
Zahn
Ich habe Zahnschmerzen.

dentiste (m.) [dɑ̃tist]
Si tu as mal aux dents, va voir un dentiste!
Zahnarzt
Wenn du Zahnschmerzen hast, geh zum Zahnarzt!

départ (m.) [depaʀ]
Départ: 18h26
Abreise, Abfahrt
Abfahrt / Abreise: 18.26 Uhr

département (m.) [depaʀtəmɑ̃]
Le 43, c'est le département de la Haute-Loire.
Departement
43 ist das Departement Haute-Loire.

se dépêcher [sədepɛʃe]
Dépêche-toi, le train va partir!
sich beeilen
Beeil dich, der Zug fährt gleich ab!

dépendre [depɑ̃dʀ]
Ça dépendra du temps.
abhängen
Das hängt vom Wetter ab.

dépense (f.) [depɑ̃s]
Le mois dernier, j'ai fait beaucoup de dépenses.
Ausgaben
Im letzten Monat habe ich viele Ausgaben gehabt.

dépenser [depɑ̃se]
Tu dépenses trop d'argent.
ausgeben
Du gibst zu viel (Geld) aus.

depuis [dəpɥi]
Il y a des bouchons depuis Paris.
Je la connais depuis deux ans.
seit, von . . . an
Von Paris an gibt es Staus.
Ich kenne sie seit zwei Jahren.

depuis que [dəpɥikə]
Depuis qu'il est malade, je ne le vois plus.
seitdem, seit
Seitdem er krank ist, sehe ich ihn nicht mehr.

député (m.), **-e** (f.) [depyte]
Les députés de l'opposition sont contre le projet de loi.
Abgeordneter, Abgeordnete
Die Abgeordneten der Opposition sind gegen den Gesetzentwurf.

déranger [deʀɑ̃ʒe]
Je vous dérange?
stören
Störe ich (Sie)?

dernier, dernière [dɛʀnje / dɛʀnjɛʀ] — *letzter, letzte, letztes*
J'aurais bien aimé voir son dernier film. — *Ich hätte gerne seinen / ihren letzten Film gesehen.*
Je l'ai vue la semaine dernière. — *Ich habe sie letzte Woche gesehen.*
C'est bien la dernière fois que je les invite! — *Das ist nun wohl das letzte Mal, dass ich sie einlade!*

derrière [dɛʀjɛʀ] — *hinter*
On a un grand jardin derrière la maison. — *Wir haben einen großen Garten hinter dem Haus.*

désagréable [dezagʀeabl] — *unangenehm*
Mon patron est désagréable. — *Mein Chef ist unangenehm.*

descendre [desɑ̃dʀ] — *aussteigen, hinuntergehen, sinken*
Je vais descendre avec vous. — *Ich gehe mit Ihnen hinunter / steige mit Ihnen aus.*
La nuit prochaine, la température descendra au-dessous de zéro. — *In der kommenden Nacht wird das Thermometer unter Null fallen.*
Je suis descendue à l'Hôtel du Lac. — *Ich wohne / bin abgestiegen im Hôtel du Lac.*

redescendre [ʀədesɑ̃dʀ] — *wieder nach unten gehen*
Je redescends chercher les valises. — *Ich gehe noch einmal hinunter und hole die Koffer.*

désirer [deziʀe] — *wünschen*
Que désirez-vous? — *Was wünschen Sie?*

désolé, -e [dezole] — *traurig*
Désolé, je ne vous comprends pas. — *Tut mir Leid, ich verstehe Sie nicht.*

dessert (m.) [desɛʀ] — *Nachtisch*
Qu'est-ce que vous prenez comme dessert? — *Was nehmen Sie als Nachtisch?*

dessous [dəsu] — *darunter*
Le prix est marqué dessous. — *Der Preis ist darunter angegeben.*
L'appartement du dessous est encore beaucoup plus petit. — *Die Wohnung darunter ist noch viel kleiner.*

au-dessous [odsu] — *unter*
La nuit prochaine, la température descendra au-dessous de zéro. — *In der kommenden Nacht wird das Thermometer unter Null fallen.*

en-dessous [ɑ̃dsu] — *unter*
Entrée gratuite pour les enfants en dessous de 10 ans. — *Freier Eintritt für Kinder unter 10 Jahren.*

là-dessous [ladsu] — *darunter*
Regarde là-dessous, tes clés y sont peut-être! — *Schau mal darunter, vielleicht sind deine Schlüssel da!*

dessus [dəsy]
Attention, vous allez marcher dessus!

darauf
Vorsicht, Sie treten gleich darauf!

au-dessus [odsy]
L'avion est au-dessus des nuages.

darüber
Das Flugzeug fliegt über den Wolken.

là-dessus [ladsy]
Ecrivez là-dessus!

darauf
Schreiben Sie hier darauf!

détail (m.) [detaj]
On ne peut pas entrer dans les détails.

Einzelheit
Wir können nicht in die Einzelheiten gehen.

développement (m.) [devlɔpmɑ̃]
Il faudra attendre le développement de cette affaire.

Entwicklung
Wir müssen abwarten, wie sich die Angelegenheit entwickelt.

se développer [sədevlɔpe]
Je me demande comment cette entreprise s'est développée.

sich entwickeln
Ich frage mich, wie diese Firma / dieses Unternehmen sich entwickelt hat.

devant [dəvɑ̃]
Il m'attend devant le café.

vor
Er wartet vor dem Café auf mich.

devenir [dəvniʀ]
Elle veut devenir médecin.
Alors, qu'est-ce que tu deviens?

werden
Sie will Ärztin werden.
Sag, was machst du / was treibst du so?

déviation (f.) [devjasjõ]
On a perdu une heure à cause de la déviation.

Umleitung
Wir haben wegen der Umleitung eine Stunde verloren.

deviner [dəvine]
Devine ce qu'il fait maintenant!

raten
Rat mal, was er jetzt macht!

devoir [dəvwaʀ]
Combien je vous dois?
Je dois être à la gare dans 5 minutes.

Tu devrais lui téléphoner.
Paul n'est pas venu. Il doit être malade.

müssen, schulden
Wie viel schulde ich Ihnen?
Ich muss in fünf Minuten am Bahnhof sein.
Du solltest ihn / sie anrufen.
Paul ist nicht gekommen. Er muss krank sein.

devoirs (m. pl.) [dəvwaʀ]
Son fils n'a pas fait ses devoirs.

Hausaufgaben
Sein / ihr Sohn hat die Hausaufgaben nicht gemacht.

dictionnaire (m.) [diksjɔnɛʀ]
Regarde dans le dictionnaire!

Wörterbuch
Sieh im Wörterbuch nach!

différence (f.) [difeʀɑ̃s]
Il y a une grande différence de prix entre ces deux modèles.

Unterschied
Es gibt einen großen Preisunterschied zwischen diesen beiden Modellen.

différent, -e [diferɑ̃ / diferɑ̃t]
Dans ce cas, c'est différent.
verschieden
In diesem Fall ist es anders.

difficile [difisil]
Il a un travail difficile.
Il est difficile de trouver un emploi après 45 ans.
schwierig
Er hat eine schwierige Arbeit.
Es ist schwer, noch eine Anstellung zu finden, wenn man über 45 ist.

difficulté (f.) [difikylte]
Elle a beaucoup de difficultés en ce moment.
Schwierigkeit
Sie hat zur Zeit viele Schwierigkeiten.

dimanche (m.) [dimɑ̃ʃ]
Je repars dimanche après-midi.
Sonntag
Ich fahre am Sonntagnachmittag wieder ab.

diminuer [diminɥe]
Les frais de chauffage ont diminué.
sinken, weniger werden
Die Heizkosten sind gesunken.

dîner [dine]
On dîne au restaurant ce soir.
zu Abend essen
Wir essen heute im Restaurant zu Abend.

dîner (m.) [dine]
Le dîner est servi!
Abendessen
Das Abendessen ist angerichtet!

dire [diʀ]
Pourriez-vous me dire combien coûte un billet pour Paris?
Qu'est-ce que ça veut dire?
Je lui ai dit de venir samedi.
Qu'est-ce que vous diriez d'une bonne bière?
sagen
Können Sie mir sagen, wie viel eine Fahrkarte nach Paris kostet?
Was soll das heißen?
Ich habe ihn gebeten, am Samstag / Sonnabend zu kommen.
Was würden Sie zu einem guten Glas Bier sagen?

redire [ʀədiʀ]
Je le lui ai redit, mais il a encore oublié.
noch einmal sagen
Ich es ihm noch einmal gesagt, aber er hat es wieder vergessen.

direct, -e [diʀɛkt]
C'est un train direct.
C'est le chemin le plus direct.
direkt
Das ist ein direkter Zug.
Das ist der direkteste / kürzeste Weg.

indirect, -e [ɛ̃diʀɛkt]
Je préfère la lumière indirecte.
indirekt
Ich habe indirektes Licht lieber.

directeur (m.), **directrice** (f.) [diʀɛktœʀ / diʀɛktʀis]
Je voudrais parler au directeur.
Direktor, Direktorin
Ich möchte gerne den Direktor sprechen.

direction (f.) [diʀɛksjɔ̃]
Prenez la direction de Strasbourg.
Il a pris la direction de l'entreprise le mois dernier.
Richtung, Leitung
Fahren Sie Richtung Straßburg.
Er hat im letzten Monat die Leitung der Firma übernommen.

discussion (f.) [diskysjõ] — *Diskussion*
Il a eu une longue discussion avec son patron. — *Er hat eine lange Diskussion mit seinem Chef geführt.*

discutable [diskytabl] — *umstritten*
Cette proposition est discutable. — *Dieser Vorschlag ist umstritten.*

indiscutable [ɛ̃diskytabl] — *hieb- und stichfest*
C'est une preuve indiscutable. — *Das ist ein hieb- und stichfester Beweis.*

discuter [diskyte] — *diskutieren*
Nous avons longtemps discuté de cette affaire. — *Wir haben sehr lange über diese Angelegenheit diskutiert.*

disparaître [dispaʀɛtʀ] — *verschwinden*
Mes clés ont disparu! — *Meine Schlüssel sind verschwunden!*

disque (m.) [disk] — *Schallplatte*
Tu veux écouter mon nouveau disque? — *Willst du meine neue Platte hören?*

disque dur (m.) [diskədyʀ] — *Festplatte*
Il a changé le disque dur de son ordinateur. — *Er hat die Festplatte seines Computers ausgewechselt.*

disquette (f.) [diskɛt] — *Diskette*
Il a mis le texte sur disquette. — *Er hat den Text auf Diskette gespeichert.*

distance (f.) [distɑ̃s] — *Entfernung*
Quelle est la distance entre Paris et Bordeaux? — *Wie groß ist die Entfernung zwischen Paris und Bordeaux?*

distingué, -e [distɛ̃ge] — *ausgezeichnet, vornehm*
Veuillez croire à l'expression de mes sentiments distingués. [lettre] — *Mit freundlichen Grüßen [Schlussformel im Brief]*

distribuer [distʀibɥe] — *verteilen*
Ils ont distribué des journaux gratuits. — *Sie haben kostenlose Zeitungen verteilt.*

distributeur (m.) [distʀibytœʀ] — *Automat*
Il y a un distributeur de boissons dans le couloir. — *Im Gang steht ein Getränkeautomat.*

divorcer [divɔʀse] — *sich scheiden lassen*
Ils ont divorcé l'année dernière. — *Sie haben sich letztes Jahr scheiden lassen.*

docteur (m.) [dɔktœʀ] — *Doktor, Arzt*
Le docteur lui a dit de prendre ces médicaments. — *Der Arzt hat ihm / ihr gesagt, dass er / sie diese Medikamente nehmen soll.*

document (m.) [dɔkymɑ̃] — *Dokument*
Il faut que vous signiez ce document. — *Sie müssen dieses Dokument unterschreiben.*

doigt (m.) [dwa]	*Finger*
Je me suis cassé le doigt.	*Ich habe mir den Finger gebrochen.*
dommage [dɔmaʒ]	*schade*
C'est dommage, mais je ne pourrai pas venir.	*Schade, aber ich kann nicht kommen.*
donc [dõk]	*also, doch*
Donc, vous n'êtes pas d'accord?	*Sind Sie also nicht einverstanden?*
Venez donc dîner à la maison!	*Kommen Sie doch zum Abendessen zu uns nach Hause!*
donner [dɔne]	*geben*
Pourriez-vous me donner votre nom?	*Sagen Sie mir bitte Ihren Namen?*
Donnez-moi votre carte!	*Geben Sie mir Ihre Karte!*
redonner [ʀədɔne]	*wieder / noch einmal geben*
Il m'a redonné son adresse, mais je l'ai encore perdue.	*Er hat mir seine Adresse noch einmal gegeben, aber ich habe sie wieder verloren.*
donner sur [dɔnesyʀ]	*hinausgehen auf*
La chambre donne sur la cour.	*Das Zimmer geht zum Hof hinaus.*
dont [dõ]	*dessen, deren, von dem / der*
Voilà les photos dont je t'ai parlé.	*Das sind die Fotos, von denen ich dir erzählt habe.*
dormir [dɔʀmiʀ]	*schlafen*
Vous avez bien dormi?	*Haben Sie gut geschlafen?*
dos (m.) [do]	*Rücken*
J'ai mal au dos.	*Ich habe Rückenschmerzen.*
douane (f.) [dwan]	*Zoll*
Nous avons été contrôlés à la douane.	*Wir sind beim Zoll kontrolliert worden.*
double (m.) [dubl]	*Doppel, das Doppelte*
Donnez-m'en le double, s'il vous plaît!	*Geben Sie mir bitte das Doppelte (davon)!*
en double [ãdubl]	*doppelt*
Vous pouvez prendre ce livre, je l'ai en double.	*Sie können dieses Buch nehmen, ich habe es doppelt.*
douche (f.) [duʃ]	*Dusche*
Je vais prendre une douche.	*Ich werde unter die Dusche gehen.*
Il y a une douche dans chaque chambre.	*In jedem Zimmer ist eine Dusche.*
doute (m.) [dut]	*Zweifel, Bedenken*
J'ai des doutes!	*Ich habe da Bedenken!*

douter [dute]
Lui, malade? J'en doute!
zweifeln
Er soll krank sein? Da habe ich meine Zweifel!

doux, douce [du / dus]
L'hiver a été très doux.
mild, sanft, süß
Der Winter war sehr mild.

drogue (f.) [dʀɔg]
La vente de cette drogue est interdite.
Droge
Der Verkauf dieser Droge ist verboten.

drogué, -e [dʀɔge]
Elle est droguée.
drogensüchtig
Sie ist drogensüchtig.

se droguer [sədʀɔge]
Beaucoup de jeunes se droguent.
Drogen nehmen
Viele junge Leute nehmen Drogen.

droit, -e [dʀwa / dʀwat]
Depuis quelques jours, j'ai très mal au bras droit.
rechte, -r
Seit einigen Tagen habe ich große Schmerzen im rechten Arm.

tout droit [tudʀwa]
Allez tout droit jusqu'à la place du marché!
geradeaus
Gehen Sie geradeaus bis zum Marktplatz!

droit (m.) [dʀwa]
Vous n'avez pas le droit de dire cela!
Recht
Sie haben kein Recht, dies zu sagen!

drôle [dʀol]
J'aime les histoires drôles.
lustig
Ich mag lustige Geschichten.

dur, -e [dyʀ]
Un œuf dur, s'il vous plaît!
Il fait un travail très dur.
Aujourd'hui, on a travaillé dur.
hart
Ein hart gekochtes Ei, bitte!
Er hat eine sehr harte Arbeit.
Heute haben wir hart gearbeitet.

durée (f.) [dyʀe]
Elle est partie à l'étranger pour une durée de deux ans.
Dauer
Sie ist für zwei Jahre / für die Dauer von zwei Jahren ins Ausland gegangen.

durer [dyʀe]
Ce repas a duré bien longtemps.
dauern
Dieses Essen hat ziemlich lange gedauert.

E

eau (f.) [o]
Il n'y a pas d'eau chaude.
Wasser
Es gibt / Da ist kein warmes Wasser.

eau gazeuse (f.) [ogazøz]
Je n'aime pas l'eau gazeuse.
Sprudelwasser
Ich mag Sprudelwasser nicht.

eau minérale (f.) [omineʀal] — *Mineralwasser*
Une eau minérale, s'il vous plaît! — *Ein Mineralwasser, bitte!*

échange (m.) [eʃɑ̃ʒ] — *Austausch, Tausch*
Il y a un échange entre ces deux écoles. — *Zwischen diesen beiden Schulen gibt es einen Austausch.*

échanger [eʃɑ̃ʒe] — *tauschen, umtauschen, austauschen*
Vous pouvez échanger cet article? — *Können Sie diesen Artikel umtauschen?*

école (f.) [ekɔl] — *Schule*
C'est mon mari qui conduit les enfants à l'école. — *Die Kinder werden von meinem Mann zur Schule gefahren.*

économie (f.) [ekɔnɔmi] — *Wirtschaft*
Il est étudiant en économie. — *Er studiert Wirtschaftswissenschaften.*

économies (f. pl.) [ekɔnɔmi] — *Ersparnisse*
Nous faisons des économies pour nous acheter une maison. — *Wir sparen, um uns ein Haus zu kaufen.*

économique [ekɔnɔmik] — *wirtschaftlich, Wirtschafts-*
Actuellement, la situation économique est mauvaise. — *Zur Zeit ist die Wirtschaftslage schlecht.*

écouter [ekute] — *hören, zuhören*
J'ai écouté, mais je n'ai rien compris. — *Ich habe zugehört, aber ich habe nichts verstanden.*

Allô, j'écoute! — *Hallo, ich höre!*
Ecoute, j'arrive dans dix minutes! — *Hör zu, ich komme in zehn Minuten!*

écran (m.) [ekʀɑ̃] — *Bildschirm*
C'est une télé à grand écran. — *Das ist ein Fernseher mit Großbildschirm.*
Nettoyez l'écran de votre ordinateur! — *Reinigen Sie den Bildschirm Ihres Computers!*

écrire [ekʀiʀ] — *schreiben*
Laissez-nous votre adresse, on vous écrira. — *Lassen Sie uns Ihre Adresse hier, wir schreiben Ihnen.*

écrit, -e [ekʀi / ekʀit] — *geschrieben, schriftlich*
Faites une demande par écrit. — *Stellen Sie einen schriftlichen Antrag.*

effet (m.) [efɛ] — *Wirkung*
Ce médicament n'a aucun effet. — *Dieses Medikament wirkt überhaupt nicht.*

en effet [ɑ̃nefɛ] — *tatsächlich*
En effet, c'est bien ici. — *Ja, tatsächlich, hier ist es.*

efficace [efikas] — *wirksam*
C'est un moyen très efficace. — *Das ist ein sehr wirksames Mittel.*

effort (m.) [efɔʀ] Il faut faire des efforts pour réussir.	*Anstrengung, Mühe* *Man muss sich anstrengen, wenn man Erfolg haben will.*
égal, -e [egal] Tout lui est égal.	*egal, gleichgültig* *Ihm / Ihr ist alles egal.*
église (f.) [egliz] J'aime bien visiter les églises.	*Kirche* *Ich besichtige gerne Kirchen.*
élection (f.) [elɛksjõ] Les élections européennes auront lieu dans deux semaines.	*Wahl* *Die Europawahlen finden in zwei Wochen statt.*
électricité (f.) [elɛktʀisite] On nous a coupé l'électricité.	*Elektrizität, Strom* *Man hat uns den Strom gesperrt.*
électrique [elɛktʀik] C'est un appareil électrique.	*elektrisch* *Das ist ein elektrisches Gerät.*
électronique [elɛktʀonik] Vous avez le courrier électronique?	*elektronisch* *Haben Sie E-Mail?*
élégant, -e [elegɑ̃ / elegɑ̃t] C'est une femme très élégante.	*elegant* *Das ist eine sehr elegante Frau.*
élève (m. / f.) [elɛv] J'ai toujours été un mauvais élève.	*Schüler, Schülerin* *Ich war immer ein schlechter Schüler.*
élever [elve] Elle a élevé cinq enfants.	*erziehen, aufziehen, großziehen* *Sie hat fünf Kinder großgezogen.*
élire [eliʀ] Le Président est élu pour trois ans.	*wählen* *Der Präsident ist für drei Jahre gewählt.*
elle, elles, elle-même, elles-mêmes [ɛl / ɛlmɛm] Elle est allée le voir elle-même.	*sie, sie selbst* *Sie hat ihn selbst besucht.*
e-mail (m.) [imel] J'ai bien reçu votre e-mail.	*E-Mail* *Ich habe Ihre E-Mail erhalten.*
embarrassé, -e [ɑ̃baʀase] Cette question m'a bien embarrassée.	*verlegen* *Diese Frage hat mich sehr in Verlegenheit gebracht.*
embêtant, -e [ɑ̃bɛtɑ̃ / ɑ̃bɛtɑ̃t] Quel film embêtant! Il n'est pas encore là? C'est embêtant!	*dumm, blöd* *Was für ein blöder Film!* *Ist er noch nicht da? Das ist dumm!*
embrasser [ɑ̃bʀase] Je t'embrasse!	*umarmen* *Lass dich umarmen!*

émigration (f.) [emigʀasjõ] — *Auswanderung*
La Pologne est un pays à forte émigration. — *Polen ist ein großes Auswanderungsland.*

émigré, -e [emigʀe] — *ausgewandert, zugewandert*
Il y a beaucoup d'émigrés en France. — *Es gibt viele Einwanderer in Frankreich.*

émigrer [emigʀe] — *auswandern*
Beaucoup d'Européens ont émigré au Canada. — *Viele Europäer sind nach Kanada ausgewandert.*

émission (f.) [emisjõ] — *Sendung*
Ce soir, il y a beaucoup d'émissions intéressantes à la télé. — *Heute Abend gibt es viele interessante Sendungen im Fernsehen.*

emmener [ãmne] — *mitnehmen*
Je vous emmène jusqu'au carrefour. — *Ich bringe Sie / nehme Sie mit bis zur Kreuzung.*
Elle emmène régulièrement ses enfants au théâtre. — *Sie geht regelmäßig mit ihren Kindern ins Theater.*

empêcher [ãpɛʃe] — *hindern*
Je ne peux pas t'empêcher de partir. — *Ich kann dich nicht daran hindern fortzugehen.*

emploi (m.) [ãplwa] — *Stellung, Beschäftigung*
Elle a perdu son emploi l'année dernière. — *Sie hat im letzten Jahr ihre Stelle verloren.*

emporter [ãpɔʀte] — *mitnehmen*
Je peux emporter tes affaires. — *Ich kann deine Sachen mitnehmen.*

employé (m.), **-e** (f.) [ãplwaje] — *Angestellter, Angestellte*
Je suis employé de banque. — *Ich bin Bankangestellter.*

emprunter [ãpʀɛ̃te] — *leihen*
Voilà le livre que j'ai emprunté à la bibliothèque. — *Das ist das Buch, das ich von der Bibliothek ausgeliehen habe.*

en [ã] — *in, nach, davon*
Il habite en Espagne. — *Er wohnt in Spanien.*
Quand en auras-tu besoin? — *Wann brauchst du das?*
J'en ai assez! — *Ich habe genug (davon)!*
62 € en première classe. — *62 Euro in der ersten Klasse.*
C'est un sac en cuir. — *Das ist eine Ledertasche.*

enchanté, -e [ãʃãte] — *erfreut*
Enchanté de faire votre connaissance! — *Sehr erfreut, Sie kennen zu lernen!*

encore [ãkɔʀ] — *noch*
Vous êtes encore là! — *Sie sind ja noch da!*
Vous prendrez bien encore un verre? — *Sie trinken doch noch ein Glas?*

en-dessous [ɑ̃dsu]	*unter*
Entrée gratuite pour les enfants en-dessous de 10 ans.	*Freier Eintritt für Kinder unter 10 Jahren.*
endroit (m.) [ɑ̃dʀwa]	*Stelle, Ort*
C'est un endroit charmant.	*Das ist ein reizender Ort.*
énergie (f.) [enɛʀʒi]	*Energie*
La France produit beaucoup d'énergie nucléaire.	*Frankreich produziert viel Kernenergie.*
enfant (f. / m.) [ɑ̃fɑ̃]	*Kind*
Les Delarue ont quatre enfants.	*Die Delarues haben vier Kinder.*
petits-enfants (m. pl.) [pətizɑ̃fɑ̃]	*Enkelkinder*
Elle a quatre petits-enfants.	*Sie hat vier Enkel(kinder).*
enfin [ɑ̃fɛ̃]	*schließlich, endlich*
J'ai enfin trouvé son adresse!	*Ich habe seine / ihre Adresse endlich gefunden!*
enlever [ɑ̃lve]	*ausziehen, abnehmen*
Vous pouvez enlever votre manteau.	*Sie können Ihren Mantel ausziehen.*
s'ennuyer [sɑ̃nɥije]	*sich langweilen*
Nous nous sommes ennuyés pendant les vacances.	*Während der Ferien haben wir uns gelangweilt.*
ennuyeux, ennuyeuse [ɑ̃nɥijø / ɑ̃nɥijøz]	*langweilig, ärgerlich*
Quel film ennuyeux!	*Was für ein langweiliger Film!*
C'est ennuyeux, mais je n'ai plus son adresse.	*Das ist ärgerlich, aber ich habe seine / ihre Adresse nicht mehr.*
énorme [enɔʀm]	*enorm, riesig*
Il est énorme, ce steak!	*Das Steak ist ja riesig!*
enseignant (m.), **-e** (f.) [ɑ̃sɛɲɑ̃ / ɑ̃sɛɲɑ̃t]	*Lehrer, Lehrerin*
Elle est enseignante.	*Sie unterrichtet / ist Lehrerin.*
enseignement (m.) [ɑ̃sɛɲəmɑ̃]	*das Unterrichten, Schuldienst*
Il est dans l'enseignement.	*Er ist Lehrer / im Schuldienst tätig.*
enseigner [ɑ̃sɛɲe]	*unterrichten*
Il enseigne le français.	*Er unterrichtet Französisch.*
ensemble [ɑ̃sɑ̃bl]	*zusammen*
Ils ont décidé de partir ensemble en vacances.	*Sie haben beschlossen, zusammen in Urlaub zu fahren.*
ensuite [ɑ̃sɥit]	*danach, dann*
Ensuite, nous sommes allés au restaurant.	*Danach sind wir ins Restaurant gegangen.*

entendre [ɑ̃tɑ̃dʀ]
Je n'ai pas entendu ce que vous avez dit.

hören
Ich habe nicht gehört, was Sie gesagt haben.

s'entendre [sɑ̃tɑ̃dʀ]
Il ne s'entend pas très bien avec son collègue.

sich verstehen
Er versteht sich mit seinem Kollegen nicht besonders gut.

malentendant (m.), **-e** (f.) [malɑ̃tɑ̃dɑ̃ / malɑ̃tɑ̃dɑ̃t]
C'est un appareil pour malentendants.

Schwerhöriger, Schwerhörige
Das ist ein Apparat für Schwerhörige.

entre [ɑ̃tʀ]
Elle a une maison de campagne entre Paris et Chartres.

zwischen
Sie hat ein Landhaus zwischen Paris und Chartres.

entrée (f.) [ɑ̃tʀe]
L'entrée du magasin est au coin de la rue.

Eingang
Der Eingang des Geschäfts ist an der Straßenecke.

entreprise (f.) [ɑ̃tʀəpʀiz]
Il travaille dans une grande entreprise.

Firma, Unternehmen
Er arbeitet in einer großen Firma.

entrer [ɑ̃tʀe]
Entrez!
Quand il a commencé à pleuvoir, nous sommes entrés dans un café.

eintreten, hineingehen
Herein!
Als es zu regnen begann, sind wir in ein Café gegangen.

enveloppe (f.) [ɑ̃vlɔp]
Vous avez des enveloppes et des timbres?

Umschlag
Haben Sie Umschläge und Briefmarken?

envie (f.) [ɑ̃vi]
Tu as envie d'aller au théâtre?

Lust
Hast du Lust, ins Theater zu gehen?

environ [ɑ̃viʀɔ̃]
Il nous a rendu visite il y a environ deux mois.
C'est une femme d'environ 50 ans.

ungefähr, etwa
Er hat uns vor ungefähr zwei Monaten besucht.
Das ist eine Frau um die 50.

environnement (m.) [ɑ̃viʀɔnmɑ̃]
Il y a encore beaucoup à faire pour la protection de l'environnement.

Umwelt
Für den Umweltschutz gibt es noch viel zu tun.

environs (m. pl.) [ɑ̃viʀɔ̃]
Il habite dans les environs de Paris.

Umgebung
Er wohnt in der Umgebung von Paris.

envoyer [ɑ̃vwaje]
Il nous a envoyé une carte postale.

schicken
Er hat uns eine Postkarte geschickt.

renvoyer [ʀɑ̃vwaje]
Renvoyez-nous la lettre signée.

zurückschicken
Schicken Sie uns den Brief unterschrieben zurück.

épais, -se [epɛ / epɛs] — *dick, dicht*
Cette tranche de jambon est trop épaisse. — *Diese Scheibe Schinken ist zu dick.*
Il y a un brouillard épais. — *Es herrscht dichter Nebel.*

épicerie (f.) [episʀi] — *Lebensmittelgeschäft*
Est-ce qu'il y a une épicerie dans le coin? — *Ist hier in der Gegend / in der Nähe ein Lebensmittelgeschäft?*

époque (f.) [epɔk] — *Epoche, Zeit*
A cette époque, il y avait beaucoup moins de chômage qu'aujourd'hui. — *Damals gab es viel weniger Arbeitslosigkeit als heute.*

équipe (f.) [ekip] — *Mannschaft*
Mon frère fait partie d'une équipe de sport. — *Mein Bruder gehört zu einer Sportmannschaft.*

erreur (f.) [eʀœʀ] — *Irrtum, Fehler*
Vous êtes sûr que vous n'avez pas fait d'erreur? — *Sind Sie sicher, dass Sie keinen Fehler gemacht haben / sich nicht geirrt haben?*

escalier (m.) [ɛskalje] — *Treppe*
Pas besoin de prendre l'escalier, il y a un ascenseur. — *Nicht nötig, die Treppe hinaufzugehen, es gibt einen Fahrstuhl.*

espace (m.) [ɛspas] — *Raum, Fläche*
Il n'y a pas d'espaces verts dans cette ville. — *Es gibt in dieser Stadt keine Grünflächen.*

espérer [ɛspeʀe] — *hoffen*
J'espère vous revoir bientôt. — *Ich hoffe, Sie bald wieder zu sehen.*
J'espère qu'il fera beau demain. — *Ich hoffe, dass morgen schönes Wetter ist.*

essai (m.) [esɛ] — *Versuch, Probe*
Vous pouvez garder la voiture quelques jours à l'essai. — *Sie können den Wagen einige Tage zur Probe behalten.*

essayer [eseje] — *versuchen, probieren*
Je peux essayer ce pull-over? — *Kann ich diesen Pullover anprobieren?*
On va essayer de le retrouver. — *Wir werden versuchen, ihn wieder zu finden.*

essence (f.) [esɑ̃s] — *Benzin*
On n'a presque plus d'essence. — *Wir haben fast kein Benzin mehr.*

est (m.) [ɛst] — *Osten*
Ils habitent dans l'Est de la France. — *Sie wohnen in Ostfrankreich.*

estomac (m.) [ɛstɔma] — *Magen*
J'ai mal à l'estomac. — *Ich habe Magenschmerzen.*

et [e] — *und*
Ma femme et moi, nous avons passé nos vacances en Italie. — *Meine Frau und ich haben die Ferien in Italien verbracht.*
Et pourquoi voulez-vous quitter Marseille? — *Und warum wollen Sie Marseille verlassen?*

étage (m.) [etaʒ] — *Etage, Stockwerk*
Notre immeuble a quatre étages. — *Unser Wohnhaus hat vier Etagen.*

état (m.) [eta] — *Zustand*
Son état de santé est grave. — *Sein Gesundheitszustand ist ernst.*
Fais attention, les routes sont en mauvais état! — *Pass auf, die Straßen sind in schlechtem Zustand!*

Etat (m.) [eta] — *Staat*
Notre organisation a reçu une aide de l'Etat. — *Unsere Organisation hat vom Staat eine Unterstützung erhalten.*

éteindre [etɛ̃dʀ] — *ausmachen, löschen*
Eteins la lumière, s'il te plaît. — *Mach das Licht aus, bitte.*

étoile (f.) [etwal] — *Stern*
Nous sommes descendus dans un hôtel deux étoiles. — *Wir sind in einem 2-Sterne-Hotel abgestiegen.*

étranger (m.) [etʀɑ̃ʒe] — *Ausland*
Il vient de l'étranger. — *Er kommt aus dem Ausland.*

étranger (m.), **étrangère** (f.) [etʀɑ̃ʒe / etʀɑ̃ʒɛʀ] — *Ausländer, Ausländerin*
Sa femme est étrangère. — *Seine Frau ist Ausländerin.*

être [ɛtʀ] — *sein*
Il est secrétaire. — *Er ist Sekretär.*
Elle est à Paris. — *Sie ist in Paris.*
Vous êtes de Grenoble? — *Kommen / Stammen Sie aus Grenoble?*
Ils sont sans argent. — *Sie haben kein Geld / sind mittellos.*
Cet enfant est toujours avec sa mère. — *Dieses Kind ist immer mit seiner Mutter zusammen.*
Etes-vous pour ou contre le nucléaire? — *Sind Sie für oder gegen die Kernkraft?*
C'est la valise de Monsieur Duchamp. — *Das ist der Koffer von Herrn Duchamp.*
Il est 5 heures. — *Es ist 5 Uhr.*
Ils sont venus. — *Sie sind gekommen.*
Je me suis promenée. — *Ich bin spazieren gegangen.*
La porte est ouverte. — *Die Tür ist offen.*

étroit, -e [etʀwa / etʀwat] — *eng*
Avant les travaux, la rue était très étroite. — *Vor den Bauarbeiten war die Straße sehr eng.*

études (f. pl.) [etyd] — *Studium*
Vous avez fait des études? — *Haben Sie studiert?*

étudiant (m.), **-e** (f.) [etydjɑ̃ / etydjɑ̃t] — *Student, Studentin*
Elle est étudiante en médecine. — *Sie studiert Medizin.*

euro (m.) [øʀo] — *Euro*
Ça fait 120 euros. — *Das macht 120 Euro.*

eux, eux-mêmes [ø / ømɛm] — *sie, sie selbst*
Ils ont réparé leur voiture eux-mêmes. — *Sie haben ihr Auto selbst repariert.*

événement (m.) [evɛnmɑ̃] — *Ereignis*
Il faut fêter l'événement! — *Das Ereignis muss gefeiert werden!*
Tu as entendu parler des derniers événements? — *Hast du von den letzten Ereignissen gehört?*

évidemment [evidamɑ̃] — *offensichtlich*
Il s'est evidemment trompé. — *Er hat sich offensichtlich geirrt.*
Vous acceptez? – Evidemment! — *Nehmen Sie an? – Na klar!*

évident, -e [evidɑ̃ / evidɑ̃t] — *offensichtlich, klar*
C'est une preuve évidente. — *Das ist ein klarer Beweis.*

éviter [evite] — *vermeiden*
Evite de trop dépenser, il faut qu'on fasse des économies! — *Gib nicht zu viel aus, wir müssen sparen!*

exact, -e [ɛgzakt] — *genau*
Vous avez l'heure exacte? — *Haben Sie die genaue Uhrzeit?*
C'est exact! — *Das stimmt genau!*

inexact,-e [inɛgzakt] — *ungenau*
Ce que vous dites est inexact! — *Was Sie da sagen, stimmt nicht!*

exactement [ɛgzaktəmɑ̃] — *genau*
On ne sait pas exactement quand il arrive. — *Wir wissen nicht genau, wann er ankommt.*

exagérer [ɛgzaʒeʀe] — *übertreiben*
Mais enfin, tu exagères! — *Na hör mal, du übertreibst aber!*

examen (m.) [ɛgzamɛ̃] — *Prüfung*
Je n'ai qu'un seul examen à passer. — *Ich brauche nur eine einzige Prüfung zu machen.*

excellent, -e [ɛkselɑ̃ / ɛkselɑ̃t] — *ausgezeichnet*
Le repas était excellent. — *Das Essen war ausgezeichnet.*

excursion (f.) [ɛkskyʀsjõ] — *Ausflug*
On va faire une excursion demain. — *Wir werden morgen einen Ausflug machen.*

excuser [ɛkskyze] — *entschuldigen*
Excusez-moi de vous avoir dérangé. — *Entschuldigen Sie bitte, dass ich Sie gestört habe.*

s'excuser [sɛkskyze] — *sich entschuldigen*
Les enfants se sont excusés. — *Die Kinder haben sich entschuldigt.*

exemple (m.) [ɛgzɑ̃pl] — *Beispiel*
C'est un mauvais exemple. — *Das ist ein schlechtes Beispiel.*

par exemple [parɛgzɑ̃pl] — *zum Beispiel*
Est-ce que vous lisez des journaux français, Le Monde par exemple? — *Lesen Sie französische Zeitungen, Le Monde zum Beispiel?*

exercice (m.) [ɛgzɛrsis] — *Übung*
Cet exercice est difficile. — *Diese Übung ist schwer.*

exister [ɛgziste] — *existieren*
Ce manteau existe aussi en bleu. — *Diesen Mantel gibt es auch in Blau.*

expérience (f.) [ɛksperijɑ̃s] — *Erfahrung*
Il a 15 années d'expériences dans son métier. — *Er hat 15 Jahre Berufserfahrung.*

explication (f.) [ɛksplikasjõ] — *Erklärung*
Il est parti sans aucune explication. — *Er ist ohne jede Erklärung fortgegangen.*

expliquer [ɛksplike] — *erklären*
Pouvez-vous m'expliquer la situation? — *Können Sie mir die Lage erklären?*

exportation (f.) [ɛkspɔrtasjõ] — *Export*
Elle a travaillé dans le service Exportation. — *Sie hat in der Exportabteilung gearbeitet.*

exporter [ɛkspɔrte] — *exportieren*
La France exporte beaucoup de voitures. — *Frankreich exportiert viele Autos.*

extérieur (m.) [ɛksterjœr] — *Außen(seite)*
Sa maison n'est pas très belle de l'extérieur. — *Sein / Ihr Haus ist von außen nicht sehr schön.*

extraordinaire [ekstraɔrdinɛr] — *außergewöhnlich*
C'est un film extraordinaire. — *Das ist ein außergewöhnlicher Film.*

extrême [ɛkstrɛm] — *extrem, äußerst*
Il est membre d'un groupe d'extrême droite. — *Er ist Mitglied einer rechtsextremen Gruppe.*

F

en face de [ɑ̃fasdə] — *gegenüber*
Le cinéma est juste en face de l'hôtel. — *Das Kino ist genau gegenüber vom Hotel.*

fâché, -e [faʃe] — *böse*
Tu n'es pas fâché, j'espère? — *Du bist hoffentlich nicht böse?*

facile [fasil] — *leicht*
Cet exercice est facile à faire. — *Diese Übung ist leicht zu machen.*

facilement [fasilmɑ̃] — *leicht*
Si vous allez tout droit, vous trouverez facilement. — *Wenn Sie ganz geradeaus gehen, finden Sie es leicht.*

façon (f.) [fasõ] — *Art und Weise*
Il s'habille d'une drôle de façon. — *Er zieht sich komisch an.*
De toute façon, ça m'est égal! — *Wie auch immer, mir ist das egal!*

facteur (m.) [faktœʀ] — *Briefträger*
Est-ce que le facteur est déjà passé? — *War der Briefträger schon da?*

faible [fɛbl] — *schwach*
Il est encore trop faible pour se lever. — *Er ist noch zu schwach, um aufzustehen.*

faim (f.) [fɛ̃] — *Hunger*
J'ai vraiment très faim. — *Ich habe wirklich großen Hunger.*

faire [fɛʀ] — *machen*
Notre boulanger fait du très bon pain. — *Unser Bäcker macht wirklich sehr gutes Brot.*

Elle fait le ménage. — *Sie macht den Haushalt.*
Vous faites du sport? — *Treiben Sie Sport?*
Qu'est-ce que vous faites dans la vie? — *Was machen Sie beruflich?*
J'ai fait 6 km à pied. — *Ich habe 6 Kilometer zu Fuß zurückgelegt.*
Ça fait 23 euro. — *Das macht 23 Euro.*
Vous faites du combien? – Du 40. — *Welche Größe haben Sie? – 40.*
Ne vous en faites pas! Ce n'est pas grave! — *Machen Sie sich nichts daraus! Das ist nicht schlimm!*
Il lui a fait mal. — *Er hat ihm / ihr wehgetan.*
Ça te ferait du bien. — *Das täte dir gut.*
Il fait beau. — *Es ist schön / schönes Wetter.*
Il a fait réparer la voiture. — *Er hat den Wagen reparieren lassen.*

refaire [ʀəfɛʀ] — *noch einmal machen*
Ce travail est à refaire. — *Diese Arbeit muss noch einmal gemacht werden.*

famille (f.) [famij] — *Familie*
On va passer Noël en famille. — *Wir werden Weihnachten in der Familie verbringen.*

fantastique [fɑ̃tastik] — *fantastisch*
C'est fantastique! — *Das ist fantastisch!*

fatigué, -e [fatige] — *müde, erschöpft*
Tu as l'air fatigué. — *Du siehst müde / erschöpft aus.*

il faut [ilfo] — *man muss, es muss*
Il faut qu'il vienne me voir. — *Er muss zu mir kommen / mich besuchen.*
Il faut du beurre. — *Wir brauchen Butter.*
Il faut se dépêcher! — *Wir müssen uns beeilen!*

faute (f.) [fot] — *Fehler*
Il parle bien, mais il fait des fautes. — *Er spricht gut, aber er macht Fehler.*
Ce n'est pas de sa faute. — *Das ist nicht seine / ihre Schuld.*

fauteuil (m.) [fotœj] — *Sessel*
Il a acheté un nouveau fauteuil. — *Er hat einen neuen Sessel gekauft.*

fauteuil roulant (m.) [fotœjʀulɑ̃] — *Rollstuhl*
Depuis son accident, il est dans un fauteuil roulant. — *Seit seinem Unfall sitzt er im Rollstuhl.*

faux, fausse [fo / fos] — *falsch*
Cette réponse est fausse. — *Diese Antwort ist falsch.*
Il chante faux. — *Er singt falsch.*

fax (m.) [faks] — *Fax*
Envoyez-lui un fax! — *Schicken Sie ihm / ihr ein Fax!*

félicitations (f. pl.) [felisitasjõ] — *Glückwünsche*
Toutes mes félicitations! — *Herzlichen Glückwunsch!*

femme (f.) [fam] — *Frau*
C'est une belle femme. — *Das ist eine schöne Frau.*
C'est sa deuxième femme. — *Das ist seine zweite Frau.*

fenêtre (f.) [fənɛtʀ] — *Fenster*
Les fenêtres du salon donnent sur le parc. — *Die Wohnzimmerfenster gehen zum Park hinaus.*

férié, -e [feʀje] — *Feier-*
En France, le 14 juillet est jour férié. — *In Frankreich ist der 14. Juli ein Feiertag.*

ferme (f.) [fɛʀm] — *Bauernhof*
Les enfants ont visité une ferme. — *Die Kinder haben einen Bauernhof besichtigt.*

fermer [fɛʀme] — *schließen*
Vous fermez à quelle heure? — *Wann schließen Sie?*

refermer [ʀəfɛʀme] — *wieder schließen*
Refermez la porte, s'il vous plaît! — *Schließen Sie bitte wieder die Tür!*

fermeture (f.) [fɛʀmətyʀ] — *Schließung, Ladenschluss*
Fermeture le samedi à 22 heures — *Ladenschluss am Samstag um 22 Uhr*

fête (f.) [fɛt] — *Fest*
J'organise une petite fête. — *Ich organisiere ein kleines Fest.*
Demain c'est la Fête de la Musique. — *Morgen ist das Musikfest.*

feu (m.) [fø]	*Feuer*
Vous avez du feu?	*Haben Sie Feuer?*
Au feu!	*Feuer!*
feu rouge (m.) [føʀuʒ]	*Ampel*
Continuez tout droit jusqu'au feu rouge!	*Gehen / Fahren Sie geradeaus weiter bis zur Ampel!*
feuille (f.) [fœj]	*Blatt*
Les feuilles tombent déjà.	*Die Blätter fallen schon.*
Vous pouvez noter sur cette feuille de papier.	*Sie können auf diesem Blatt Papier schreiben.*
fièvre (f.) [fjɛvʀ]	*Fieber*
Elle a 39 de fièvre.	*Sie hat 39 Fieber.*
fille (f.) [fij]	*Tochter, Mädchen*
Il m'a présenté sa fille.	*Er hat mir seine Tochter vorgestellt.*
Elle a eu son bébé. C'est une fille.	*Sie hat ihr Baby bekommen. Es ist ein Mädchen.*
petite-fille (f.) [pətitfij]	*Enkelin*
J'ai deux petites-filles.	*Ich habe zwei Enkelinnen.*
film (m.) [film]	*Film*
Il y a un bon film ce soir à la télé.	*Heute Abend kommt ein guter Film im Fernsehen.*
fils (m.) [fis]	*Sohn*
Voilà mon fils.	*Dies ist mein Sohn.*
petit-fils (m.) [pətifis]	*Enkel*
Mon petit-fils a dix ans.	*Mein Enkel ist 10 Jahre alt.*
fin (f.) [fɛ̃]	*Ende*
Mon frère vient nous voir à la fin du mois.	*Mein Bruder kommt am Ende des Monats zu Besuch.*
fin, -e [fɛ̃ / fin]	*fein*
C'est du papier très fin.	*Das ist sehr feines Papier.*
finir [finiʀ]	*beenden*
Quand est-ce que vous aurez fini ce travail?	*Wann werden Sie mit der Arbeit fertig sein?*
fixer [fikse]	*festlegen*
On va fixer une date tout de suite.	*Wir werden gleich einen Termin festlegen.*
fleur (f.) [flœʀ]	*Blume*
Il m'a offert des fleurs.	*Er hat mir Blumen geschenkt.*
fleuve (m.) [flœv]	*Fluss*
Ce fleuve est très pollué.	*Dieser Fluss ist sehr verschmutzt.*

fois (f.) [fwa] — *Mal*
Je ne l'ai vu qu'une seule fois. — *Ich habe ihn nur ein einziges Mal gesehen.*

fond (m.) [fõ] — *Grund, Boden*
Les valises sont au fond de l'armoire. — *Die Koffer liegen unten im Schrank.*

force (f.) [fɔʀs] — *Kraft, Stärke*
La maladie lui a fait perdre toutes ses forces. — *Durch die Krankheit hat er alle seine Kräfte verloren.*

forêt (f.) [fɔʀɛ] — *Wald*
Il y a une forêt en face de chez nous. — *Gegenüber von uns ist ein Wald.*

formation (f.) [fɔʀmasjõ] — *Ausbildung, Fortbildung*
Il est dans la formation continue. — *Er ist in der Weiterbildung tätig.*

forme (f.) [fɔʀm] — *Form*
Aujourd'hui, je suis en pleine forme! — *Heute bin ich voll in Form!*

former [fɔʀme] — *ausbilden, weiterbilden*
C'est lui qui forme les ouvriers. — *Die Arbeiter werden von ihm ausgebildet.*

formidable [fɔʀmidabl] — *toll*
Le match d'hier soir était formidable! — *Das Spiel gestern abend war toll!*

fort, -e [fɔʀ / fɔʀt] — *stark*
Ce café est trop fort. — *Dieser Kaffee ist zu stark.*

fou, folle [fu / fɔl] — *verrückt*
C'est une idée folle! — *Das ist eine verrückte Idee!*

foule (f.) [ful] — *Menge*
Je l'ai perdue dans la foule. — *Ich habe sie in der Menge verloren.*

fourchette (f.) [fuʀʃɛt] — *Gabel*
Garçon, je n'ai pas de fourchette. — *Herr Ober, ich habe keine Gabel.*

frais, fraîche [fʀɛ / fʀɛʃ] — *frisch*
Il fait frais, rentrons. — *Es ist frisch, gehen wir nach Hause.*
Les légumes sont vraiment frais. — *Das Gemüse ist wirklich frisch.*

frais (m. pl.) [fʀɛ] — *Kosten*
Les frais de chauffage ont baissé cette année. — *Die Heizkosten sind dieses Jahr gesunken.*

Franc (m.) [fʀɑ̃] — *Franc*
Ça fait 250 Francs (= 38,1 €). — *Das macht 250 Francs (= 38,1 €).*

frapper [fʀape] — *klopfen*
On a frappé à la porte. — *Jemand hat an die Tür geklopft.*

frein (m.) [fʀɛ̃] — *Bremse*
Cette voiture a de bons freins. — *Dieses Auto hat gute Bremsen.*

freiner [fʀene] — *bremsen*
Il ne faut jamais freiner brusquement! — *Man darf nie plötzlich bremsen!*

frère (m.) [fʀɛʀ] — *Bruder*
Mon frère viendra nous voir à la fin du mois. — *Mein Bruder kommt am Ende des Monats zu Besuch.*

frigidaire / frigo (m.) [fʀiʒidɛʀ / fʀigo] — *Kühlschrank*
Mets le lait dans le frigo! — *Stell die Milch in den Kühlschrank!*

frites (f. pl.) [fʀit] — *Pommes frites*
Tu veux encore des frites? — *Möchtest du noch Pommes frites?*

froid, -e [fʀwa / fʀwad] — *kalt*
L'eau est froide. — *Das Wasser ist kalt.*
Il fait froid ici! — *Es ist kalt hier!*

fromage (m.) [fʀɔmaʒ] — *Käse*
Fromage ou dessert? — *Käse oder Nachtisch?*

frontière (f.) [fʀõtjɛʀ] — *Grenze*
Nous habitons près de la frontière. — *Wir wohnen in der Nähe der Grenze.*

fruit (m.) [fʀɥi] — *Frucht*
Comme dessert, on a une salade de fruits. — *Zum Nachtisch haben wir einen Obstsalat.*

fumée (f.) [fyme] — *Rauch*
L'air est pollué par les fumées d'usine. — *Die Luft ist durch den Rauch aus den Fabrikschornsteinen verschmutzt.*

fumer [fyme] — *rauchen*
Tu fumes vraiment trop! — *Du rauchst wirklich zu viel!*

fumeur (m.), **fumeuse** (f.) [fymœʀ / fymøz] — *Raucher, Raucherin*
Dans ce restaurant il ya une zone fumeur. — *In diesem Restaurant gibt es eine Raucherecke.*

G

gagner [gaɲe] — *verdienen, gewinnen*
Elle gagne 1.850 euro par mois. — *Sie verdient 1850 Euro pro Monat.*
Il a gagné au loto. — *Er hat im Lotto gewonnen.*

garage (m.) [gaʀaʒ] — *Garage, Werkstatt*
La maison n'a pas de garage. — *Das Haus hat keine Garage.*
Ma voiture est en panne. Il y a un garage près d'ici? — *Mein Wagen ist kaputt. Gibt es in der Nähe eine Werkstatt?*

garagiste (m.) [gaʀaʒist] — *Automonteur, -mechaniker*
As-tu fait venir un garagiste? — *Hast du einen Automechaniker geholt?*

garçon (m.) [gaʀsõ] — *Junge, Kellner, Ober*
Ella a eu son bébé. C'est un garcon. — *Sie hat ihr Baby bekommen. Es ist ein Junge.*
Garçon, l'addition, s'il vous plaît! — *Herr Ober, die Rechnung bitte / bitte zahlen!*

garder [gaʀde] — *behalten, hüten*
Combien de temps veux-tu garder les livres? — *Wie lange willst du die Bücher behalten?*
On n'a personne pour garder les enfants. — *Wir haben niemanden, um die Kinder zu hüten.*

gare (f.) [gaʀ] — *Bahnhof*
Le train entre en gare. — *Der Zug fährt (in den Bahnhof) ein.*

garer [gaʀe] — *parken*
Il est de plus en plus difficile de garer sa voiture en ville. — *Es wird immer schwieriger, seinen Wagen in der Stadt zu parken.*

se garer [səgaʀe] — *parken*
Je me suis garé juste devant la porte. — *Ich parke direkt vor der Tür.*

gâteau (m.) [gato] — *Kuchen*
Je vais faire un gâteau pour son anniversaire. — *Zu seinem / ihrem Geburtstag werde ich einen Kuchen backen.*

gauche (f.) [goʃ] — *links*
Prenez la première rue à gauche! — *Biegen Sie in die erste Straße links ab!*

gaz (m.) [gaz] — *Gas*
Il a un chauffage au gaz. — *Er hat Gasheizung.*

geler [ʒəle] — *frieren*
Il a gelé cette nuit. — *Heute Nacht hat es gefroren.*

gendarme (m.) [ʒɑ̃daʀm] — *Polizist*
Les gendarmes font des contrôles sur l'autoroute. — *Die Polizei macht Kontrollen / kontrolliert auf der Autobahn.*

gendarmerie (f.) [ʒɑ̃daʀməʀi] — *Polizeistation, -wache*
La gendarmerie est à la sortie du village. — *Die Polizeiwache befindet sich am Ortsausgang.*

gêné, -e [ʒene] — *verlegen*
Il était un peu gêné de nous voir. — *Er wurde ein wenig verlegen, als er uns sah.*

gêner [ʒene]
Ça ne vous gêne pas, si j'ouvre la fenêtre?
Ne te gêne pas, fais comme chez toi!

stören, genieren
Stört es Sie nicht, wenn ich das Fenster öffne?
Tu dir keinen Zwang an, fühl dich wie zu Hause!

gens (m. / f. pl.) [ʒɑ̃]
Le soir, il y a beaucoup de gens dans les rues.

Leute
Abends sind viele Leute auf den Straßen.

gentil, -le [ʒɑ̃ti / ʒɑ̃tij]
C'est très gentil d'avoir pensé à mon anniversaire.

freundlich
Es ist sehr nett, dass Sie an meinen Geburtstag gedacht haben.

genou (m.) [ʒənu]
Il a mal au genou.

Knie
Das Knie tut ihm weh. / Er hat Schmerzen im Knie.

glace (f.) [glas]
On prend une glace au citron.

Eis
Wir nehmen Zitroneneis.

gorge (f.) [gɔʀʒ]
J'ai mal à la gorge.

Hals, Kehle
Ich habe Halsschmerzen.

goût (m.) [gu]
Cette boisson a un drôle de goût.

Geschmack
Dieses Getränk hat einen komischen Geschmack.

goûter [gute]
Vous avez déjà goûté ce vin rouge?

probieren, kosten
Haben Sie diesen Rotwein schon probiert?

gouvernement (m.) [guvɛʀnəmɑ̃]
Le gouvernement actuel est de gauche.

Regierung
Die gegenwärtige Regierung steht links.

grâce à [gʀasa]
Grâce à lui, j'ai trouvé une maison.

dank, mit Hilfe von, durch
Durch ihn habe ich ein Haus gefunden.

gramme (m.) [gʀam]
150 grammes de jambon, s'il vous plaît!

Gramm
150 Gramm Schinken, bitte!

grand, -e [gʀɑ̃ / gʀɑ̃d]
Elle est vraiment grande, votre fille!

groß
Ihre Tochter ist aber wirklich groß!

grand-mère (f.) [gʀɑ̃mɛʀ]
Ma grand-mère a 70 ans.

Großmutter
Meine Großmutter ist 70 Jahre alt.

grand-père (m.) [gʀɑ̃pɛʀ]
Mon grand-père est très âgé.

Großvater
Mein Großvater ist sehr alt.

grands-parents (m. pl.) [gʀɑ̃paʀɑ̃]
Mes grands-parents sont à la retraite.

Großeltern
Meine Großeltern sind im Ruhestand / in Rente.

gras, -se [gʀa / gʀas] — *fett*
Cette viande est un peu trop grasse. — *Dieses Fleisch ist ein wenig zu fett.*

gratuit, -e [gʀatɥi / gʀatɥit] — *kostenlos, gratis*
Entrée gratuite pour les enfants en-dessous de dix ans. — *Freier Eintritt für Kinder unter 10 (Jahren).*

grave [gʀav] — *schwerwiegend, schwer*
Il a eu un grave accident. — *Er hat einen schweren Unfall gehabt.*

grève (f.) [gʀɛv] — *Streik*
Les ouvriers sont en grève. — *Die Arbeiter streiken.*

grippe (f.) [gʀip] — *Grippe*
Je reste au lit, j'ai la grippe. — *Ich bleibe im Bett, ich habe Grippe.*

gris, -e [gʀi / gʀiz] — *grau*
Quel ciel gris aujourd'hui! — *Was für ein grauer Himmel ist das heute!*

gros, -se [gʀo / gʀos] — *groß, dick*
Donnez-m'en un gros morceau! — *Geben Sie mir ein großes Stück davon!*

grossir [gʀosiʀ] — *zunehmen*
J'ai grossi de 3 kilos. — *Ich habe drei Kilo zugenommen.*

groupe (m.) [gʀup] — *Gruppe*
Ils font partie du même groupe. — *Sie gehören zur selben Gruppe.*

guerre (f.) [gɛʀ] — *Krieg*
Je n'aime pas les films de guerre. — *Ich mag keine Kriegsfilme.*

guichet (m.) [giʃɛ] — *Schalter*
Le guichet automatique est ouvert 24 heures sur 24. — *Der Fahrkartenautomat ist rund um die Uhr in Betrieb.*

guide (m.) [gid] — *Führer, Reiseführer*
Un guide nous a fait visité le château. — *Ein Führer hat uns das Schloss gezeigt.*
J'ai acheté un guide de la région. — *Ich habe einen Reiseführer für die Gegend gekauft.*

H

s'habiller [sabije] — *sich anziehen, sich kleiden*
Il s'habille toujours très bien. — *Er kleidet sich immer sehr gut.*

habitant (m.), **-e** (f.) [abitɑ̃ / abitɑ̃t] — *Einwohner, Einwohnerin*
Il y a combien d'habitants dans votre village? — *Wie viele Einwohner hat Ihr Dorf?*

habiter [abite]	*wohnen*
Je préfère habiter en ville.	*Ich wohne lieber in der Stadt.*
habitude (f.) [abityd]	*Gewohnheit*
Il a l'habitude de se lever à cinq heures.	*Er steht gewöhnlich um fünf Uhr auf.*
d'habitude [dabityd]	*gewöhnlich, normalerweise*
D'habitude, je me lève plus tôt.	*Normalerweise stehe ich früher auf.*
s'habituer [sabitɥe]	*sich gewöhnen*
Il s'est habitué à vivre seul.	*Er hat sich daran gewöhnt, allein zu leben.*
handicapé, -e ['ɑ̃dikape]	*Behinderter, Behinderte*
Il travaille dans un centre pour handicapés.	*Er arbeitet in einem Behindertenzentrum.*
hasard (m.) ['azaʀ]	*Zufall*
Je l'ai rencontrée par hasard.	*Ich habe sie zufällig getroffen.*
haut (m.) ['o]	*oben*
Du haut de cette tour, on a une vue sur toute la ville.	*Oben vom Turm aus hat man einen Blick auf die ganze Stadt.*
haut, -e ['o / 'ot]	*hoch*
La Tour Eiffel est haute de 320 m.	*Der Eiffelturm ist 320 Meter hoch.*
en haut [ɑ̃o]	*oben*
La chambre des enfants est en haut.	*Das Kinderzimmer ist oben.*
là-haut [lao]	*da oben*
Il habite là-haut, au troisième étage.	*Er wohnt da oben, im dritten Stock.*
hebdomadaire (m.) [ɛbdomadɛʀ]	*Wochenzeitung*
Elle achète régulièrement un hebdomadaire.	*Sie kauft regelmäßig eine Wochenzeitung.*
hésiter [ezite]	*zögern*
Si vous avez besoin d'aide, n'hésitez pas à venir me voir!	*Wenn Sie Hilfe brauchen, zögern Sie nicht mich aufzusuchen!*
heure (f.) [œʀ]	*Stunden, Zeit, Uhr*
On s'est donné rendez-vous à 15 heures.	*Wir haben uns für 15 Uhr verabredet.*
Pardon, Madame, vous avez l'heure?	*Entschuldigen Sie bitte, Madame, haben Sie die Uhrzeit?*
On l'a attendu deux heures!	*Zwei Stunden haben wir auf ihn gewartet!*
Il n'est jamais à l'heure.	*Er ist nie pünktlich.*
heureusement [øʀøzmɑ̃]	*glücklicherweise*
Il a eu un accident. Heureusement, il n'a rien de grave.	*Er hat einen Unfall gehabt. Glücklicherweise hat er nichts Schlimmes.*

heureux, heureuse [øʀø / øʀøz]
Je suis heureux de faire votre connaissance.

glücklich
Ich freue mich, Sie kennen zu lernen!

hier [jɛʀ]
Hier, nous avons visité quatre appartements.

gestern
Gestern haben wir vier Wohnungen besichtigt.

histoire (f.) [istwaʀ]
J'aime bien les histoires drôles.

Geschichte
Ich liebe lustige Geschichten.

homme (m.) [ɔm]
C'est un homme charmant.

Mann, Mensch
Der Mann ist reizend.

hôpital (m.) [opital]
Il faut le transporter à l'hôpital.

Krankenhaus
Wir müssen ihn ins Krankenhaus bringen.

horaire (m.) [ɔʀɛʀ]
Vous avez l'horaire des trains pour Bordeaux?

Fahrplan
Haben Sie den Fahrplan für die Züge nach Bordeaux?

hors-d'œuvre (m.) ['ɔʀdœvʀ]
Qu'est-ce qu'on prend comme hors-d'œuvre?

Vorspeise
Was nehmen wir als Vorspeise?

hôtel (m.) [otɛl]
J'ai passé la nuit à l'hôtel.

Hotel
Ich habe die Nacht im Hotel verbracht.

Hôtel de Ville [otɛldəvil]
Où se trouve l'Hôtel de Ville?

Rathaus
Wo ist das Rathaus?

huile (f.) [ɥil]
Regarde s'il y a encore assez d'huile dans la voiture.

Öl
Schau mal nach, ob wir noch genug Öl im Wagen haben.

humide [ymid]
C'est un climat assez humide.

feucht
Das Klima ist ziemlich feucht.

hypermarché (m.) [ipɛʀmaʀʃe]
Dans le centre commercial, il y a un hypermarché.

(großer) Supermarkt
Im Einkaufszentrum gibt es einen Supermarkt.

I

ici [isi]
Ici, il n'y a pas de travail.
Je ne suis pas d'ici.

hier
Hier gibt es keine Arbeit.
Ich bin nicht von hier.

idée (f.) [ide]
Elle a toujours de bonnes idées.

Idee
Sie hat immer gute Ideen.

identité (f.) [idɑ̃tite]
Vous avez votre carte d'identité?
Identität
Haben Sie Ihren Ausweis da?

il, ils [il / il]
Ils se marient l'année prochaine.
er, sie
Sie heiraten nächstes Jahr.

île (f.) [il]
On a passé nos vacances sur l'île de Ré.
Insel
Wir haben unsere Ferien auf der Insel Ré verbracht.

image (f.) [imaʒ]
Il y a des images magnifiques dans ce livre.
Bild
Da sind herrliche Bilder in diesem Buch.

immeuble (m.) [imœbl]
Julie et moi, on habite le même immeuble.
Haus, Gebäude
Julie und ich wohnen im selben Haus.

immigration (f.) [imigʀasjɔ̃]
Il existe des lois sur l'immigration.
Einwanderung
Es gibt Einwanderungsgesetze.

immigré, -e [imigʀe]
Il y a beaucoup de travailleurs immigrés en Europe.
eingewandert, Einwanderer
Es gibt viele eingewanderte Arbeiter in Europa.

impoli, -e [ɛ̃pɔli]
Cet enfant est impoli.
unhöflich
Dieses Kind ist unhöflich.

important, -e [ɛ̃pɔʀtɑ̃ / ɛ̃pɔʀtɑ̃t]
C'est une question très importante.
wichtig
Das ist eine sehr wichtige Frage.

importation (f.) [ɛ̃pɔʀtasjɔ̃]
Les importations d'ordinateurs ont encore augmenté cette année.
Einfuhr, Import
Die Einfuhr von Computern ist auch dieses Jahr wieder gestiegen.

importer [ɛ̃pɔʀte]
Il importe du vin d'Italie.
einführen, importieren
Er importiert Wein aus Italien.

impossible [ɛ̃pɔsibl]
C'est absolument impossible!
unmöglich
Das ist absolut unmöglich!

impôt (m.) [ɛ̃po]
Qu'est-ce que tu paies comme impôts?
Steuer
Wie viel Steuern zahlst du?

impression (f.) [ɛ̃pʀɛsjɔ̃]
J'ai l'impression qu'il va pleuvoir.
Eindruck
Ich habe den Eindruck, dass es regnen wird.

imprimante (f.) [ɛ̃pʀimɑ̃t]
Il a acheté un ordinateur et une imprimante.
Drucker
Er hat einen Computer und einen Drucker gekauft.

imprimer [ɛ̃pʀime] Pourriez-vous m'imprimer ce texte?	*drucken, ausdrucken* *Könnten Sie mir diesen Text ausdrucken?*
inacceptable [inaksɛptabl] Ces conditions de travail sont inacceptables.	*unannehmbar* *Diese Arbeitsbedingungen sind unannehmbar.*
incapable [ɛ̃kapabl] C'est un incapable!	*unfähig* *Der ist einfach unfähig!*
incertain, -e [ɛ̃sɛʀtɛ̃ / ɛ̃sɛʀtɛn] Le temps est incertain.	*ungewiss, unbestimmt* *Das Wetter ist unsicher.*
incomparable [ɛ̃kõpaʀabl] C'est incomparable.	*unvergleichlich* *Das ist nicht vergleichbar.*
inconfortable [ɛ̃kõfɔʀtabl] Ce fauteuil est inconfortable.	*unbequem* *Dieser Sessel ist unbequem.*
incroyable [ɛ̃kʀwajabl] C'est incroyable!	*unglaublich* *Das ist unglaublich!*
indépendant, -e [ɛ̃depɑ̃dɑ̃ / ɛ̃depɑ̃dɑ̃t] Les jeunes sont de plus en plus indépendants.	*unabhängig* *Die jungen Leute sind immer unabhängiger.*
indiquer [ɛ̃dike] Vous pouvez m'indiquer le chemin de la gare?	*zeigen, angeben* *Können Sie mir den Weg zum Bahnhof zeigen?*
indirect, -e [ɛ̃diʀɛkt] Je préfère la lumière indirecte.	*indirekt* *Ich habe indirektes Licht lieber.*
indiscutable [ɛ̃diskytabl] C'est une preuve indiscutable.	*hieb- und stichfest* *Das ist ein hieb- und stichfester Beweis.*
industrie (f.) [ɛ̃dystʀi] Il travaille dans l'industrie.	*Industrie* *Er ist in der Industrie tätig.*
industriel, -le [ɛ̃dystʀiɛl] C'est une zone industrielle.	*Industrie-* *Das ist ein Industriegebiet.*
inexact,-e [inɛgzakt] Ce que vous dites est inexact!	*ungenau* *Was Sie da sagen, stimmt nicht!*
influence (f.) [ɛ̃flyɑ̃s] La télévision a beaucoup d'influence sur les enfants.	*Einfluss* *Das Fernsehen hat einen großen Einfluss auf die Kinder.*
information (f.) [ɛ̃fɔʀmasjõ] Où se trouve le bureau d'information?	*Information* *Wo ist die Auskunft?*
informations (f. pl.) [ɛ̃fɔʀmasjõ] Tu as vu les informations?	*Nachrichten(sendung)* *Hast du die Nachrichten gesehen?*

informatique (f.) [ɛ̃fɔʀmatik]	*Informatik*
Est-ce que vous avez des connaissances en informatique?	*Haben Sie Kenntnisse / Kennen Sie sich aus in Informatik?*
informer [ɛ̃fɔʀme]	*informieren*
Elle nous a informés de son départ.	*Sie hat uns darüber informiert, dass sie abreist.*
s'informer [sɛ̃fɔʀme]	*sich informieren*
Informez-vous avant votre départ.	*Informieren Sie sich, bevor Sie abreisen.*
inquiet, inquiète [ɛ̃kjɛ / ɛ̃kjɛt]	*unruhig*
Il n'est pas encore arrivé. Je suis très inquiet.	*Er ist noch immer nicht angekommen. Ich mache mir Sorgen.*
s'inquiéter [sɛ̃kjete]	*unruhig werden, sich Sorgen machen*
Ne vous inquiétez pas, il va venir!	*Machen Sie sich keine Sorgen, er kommt!*
inscription (f.) [ɛ̃skʀipsjõ]	*Einschreibung, Anmeldung*
Inscriptions: à partir du 15 septembre	*Einschreibungen ab 15. September*
inscrire [ɛ̃skʀiʀ]	*anmelden, einschreiben*
J'ai inscrit ma fille à un cours de danse.	*Ich habe meine Tochter zu einem Tanzkurs angemeldet.*
s'inscrire [sɛ̃skʀiʀ]	*sich anmelden, sich eintragen*
Inscrivez-vous sur la liste!	*Tragen Sie sich auf der Liste ein!*
instant (m.) [ɛ̃stɑ̃]	*Moment*
Un instant, s'il vous plaît!	*Einen Moment, bitte!*
instrument (m.) [ɛ̃stʀymɑ̃]	*Instrument*
Vous jouez d'un instrument de musique?	*Spielen Sie ein Instrument?*
insupportable [ɛ̃sypɔʀtabl]	*unerträglich, unausstehlich*
Cet enfant est insupportable.	*Dieses Kind ist unausstehlich.*
intelligent, -e [ɛ̃tɛliʒɑ̃ / ɛ̃tɛliʒɑ̃t]	*intelligent*
Elle est plus intelligente que les autres.	*Sie ist intelligenter als die anderen.*
interdire [ɛ̃tɛʀdiʀ]	*verbieten, untersagen*
Le médecin lui a interdit de travailler.	*Der Arzt hat ihm verboten zu arbeiten / das Arbeiten verboten.*
intéressant, -e [ɛ̃teʀɛsɑ̃ / ɛ̃teʀɛsɑ̃t]	*interessant*
C'est un travail très intéressant.	*Das ist eine sehr interessante Arbeit.*
intéresser [ɛ̃teʀɛse]	*interessieren*
Votre histoire ne m'intéresse pas!	*Ihre Geschichte interessiert mich nicht!*
s'intéresser [sɛ̃teʀɛse]	*sich interessieren*
Il s'intéresse à la politique.	*Er interessiert sich für Politik.*

intérieur (m.) [ɛ̃teʀjœʀ] — *Inneres*
Je t'attends à l'intérieur du magasin. — *Ich warte drinnen im Geschäft auf dich.*

international, -e [ɛ̃tɛʀnasjonal] — *international*
Il y a des retards sur tous les vols internationaux. — *Bei allen internationalen Flügen gibt es Verspätungen.*

internet (m.) [ɛ̃tɛʀnɛt] — *Internet*
Vous pouvez vous informer sur internet. — *Sie können sich im Internet informieren.*

invitation (f.) [ɛ̃vitasjõ] — *Einladung*
Nous avons reçu une invitation au mariage de Jean-Luc. — *Wir haben eine Einladung zur Hochzeit von Jean-Luc erhalten.*

inviter [ɛ̃vite] — *einladen*
On va au cinéma? Je t'invite! — *Gehen wir ins Kino? Ich lade dich ein!*

irréalisable [iʀealizabl] — *nicht realisierbar*
Votre projet est irréalisable. — *Ihr Projekt ist nicht realisierbar.*

J

jamais [ʒamɛ] — *nie*
Vous n'avez jamais quitté la France? — *Sind Sie niemals aus Frankreich herausgekommen?*

jambe (f.) [ʒɑ̃b] — *Bein*
J'ai beaucoup marché, j'ai mal aux jambes. — *Ich bin viel gelaufen, mir tun die Beine weh.*

jambon (m.) [ʒɑ̃bõ] — *Schinken*
Quatre tranches de jambon, s'il vous plaît. — *Vier Scheiben Schinken, bitte.*

jardin (m.) [ʒaʀdɛ̃] — *Garten*
Le dimanche, je travaille dans mon jardin. — *Sonntags arbeite ich im Garten.*

jaune [ʒon] — *gelb*
Le jaune te va très bien. — *Gelb steht dir gut.*
Ajoutez deux jaunes d'œufs. — *Geben Sie zwei Eigelb hinzu.*

je [ʒə] — *ich*
Je te l'avais bien dit! — *Ich hatte dir das aber gesagt!*

jeter [ʒəte] — *werfen*
On a jeté tous les vieux journaux. — *Wir haben alle alten Zeitungen weggeworfen.*

jeu (m.) [ʒø]
Quel est votre jeu préféré?
Spiel
Was ist Ihr Lieblingsspiel?

jeune [ʒœn]
Il est encore très jeune.
jung
Er ist noch sehr jung.

jeune fille [ʒœnfij]
Tu connais cette jeune fille?
junges Mädchen
Kennst du dieses junge Mädchen?

jeune homme [ʒœnɔm]
C'est un jeune homme de 23 ans.
junger Mann
Das ist ein junger Mann von 23 Jahren.

joindre [ʒwɛ̃dʀ]
Vous pourrez le joindre demain matin après dix heures.
erreichen
Sie können ihn morgen früh nach 10 Uhr erreichen.

joli, -e [ʒɔli]
Vous avez une jolie robe!
hübsch
Sie haben ein hübsches Kleid!

jouer [ʒwe]
Tu joues aux cartes?
Vous jouez d'un instrument de musique?
La semaine prochaine, on joue «Hamlet» au Théâtre de la Ville.
spielen
Spielst du Karten?
Spielen Sie ein Instrument?
Nächste Woche wird „Hamlet" im Stadttheater gespielt.

jour (m.) [ʒuʀ]
Votre voiture ne sera pas prête avant 4 ou 5 jours.
On est quel jour, aujourd'hui?
Tag
Ihr Wagen ist frühestens in vier oder fünf Tagen fertig.
Was haben wir heute für ein Datum? / Welches Datum haben wir heute?

jour férié [ʒuʀfeʀje]
Le 14 juillet est un jour férié en France.
Feiertag
Der 14. Juli ist in Frankreich Feiertag.

journal (m.) [ʒuʀnal]
Tu lis toujours ce journal?
Zeitung
Liest du immer diese Zeitung?

journée (f.) [ʒuʀne]
Il a dormi toute la journée.
Bonne journée!
Tag
Er hat den ganzen Tag geschlafen.
Ich wünsche einen guten Tag!

jumelage (m.) [ʒymlaʒ]
Il y a de plus en plus de jumelages entre les villes d'Europe.
Partnerschaft
Es gibt immer mehr Partnerschaften zwischen europäischen Städten.

jumelé, -e [ʒymle]
La ville de Reims est jumelée avec Aix-la-Chapelle et Florence.
verschwistert; Partnerstädte sein
Reims ist die Partnerstadt von Aachen und Florenz.

jupe (f.) [ʒyp]
Elle ne porte jamais de jupes.
Rock
Sie trägt niemals einen Rock.

jus (m.) [ʒy] — *Saft*
Un jus d'orange, s'il vous plaît! — *Einen Orangensaft, bitte!*

jusqu'à [ʒyska] — *bis*
Tu as travaillé jusqu'à quelle heure? — *Bis wann hast du gearbeitet?*
Il va jusqu'à Marseille. — *Er fährt bis Marseille.*

juste [ʒyst] — *gerade*
C'est juste, vous avez raison. — *Das ist richtig, Sie haben Recht.*
Il vient juste d'arriver. — *Er ist gerade angekommen.*

justement [ʒystəmɑ̃] — *gerade*
Justement, j'allais vous téléphoner. — *Gerade wollte ich Sie anrufen.*

K

kilo (m.) [kilo] — *Kilo*
Un kilo de pommes de terre, s'il vous plaît! — *Ein Kilo Kartoffeln, bitte!*

kilomètre (m.) [kilomɛtʀ] — *Kilometer*
Bruxelles est à 200 km de Paris. — *Brüssel ist 200 Kilometer von Paris entfernt.*

L

la, le, les [la / lə / le] — *die, der, das*
Les enfants, on va les chercher quand? — *Wann wollen wir die Kinder abholen?*

là [la] — *da*
Est-ce que Monsieur Dubois est là? — *Ist Herr Dubois da?*

-là [la] — *da*
Tu parles de ce livre-là? — *Sprichst du von diesem Buch da?*

là-bas [laba] — *da hinten, da unten*
Le Syndicat d'Initiative est là-bas, au coin de la rue. — *Das Verkehrsbüro ist da hinten, an der Ecke der Straße.*

là-dessous [ladsu] — *darunter*
Regarde là-dessous, tes clés y sont peut-être! — *Schau mal darunter, vielleicht sind deine Schlüssel da!*

là-dessus [ladsy] — *darauf, darüber*
Ecrivez là-dessus! — *Schreiben Sie hier darauf!*

là-haut [lao] — *da oben*
Il habite là-haut, au troisième étage. — *Er wohnt da oben, im dritten Stock.*

lac (m.) [lak] — *See*
J'aime faire du bateau sur le lac. — *Ich fahre auf dem See gerne Boot.*

laisser [lese] — *lassen*
J'ai laissé mes bagages à l'hotel. — *Ich habe mein Gepäck im Hotel gelassen.*
Laisse-moi faire! — *Lass mich machen!*

lait (m.) [lɛ] — *Milch*
Je préfère le café au lait. — *Ich trinke lieber Milchkaffee.*

lampe (f.) [lɑ̃p] — *Lampe*
Tu allumes la lampe? — *Schaltest du die Lampe ein?*

langue (f.) [lɑ̃g] — *Sprache*
Il parle trois langues. — *Er spricht drei Sprachen.*

large [laʀʒ] — *weit, breit*
Ce pantalon est trop large. — *Diese Hose ist zu weit.*

lave-linge (m.) [lavlɛ̃ʒ] — *Waschmaschine*
J'ai un lave-linge tout neuf. — *Ich habe eine ganz neue Waschmaschine.*

laver [lave] — *waschen*
Samedi, on va laver la voiture. — *Samstag waschen wir den Wagen.*

se laver [səlave] — *sich waschen*
Où est-ce que je peux me laver les mains? — *Wo kann ich mir die Hände waschen?*

lave-vaisselle (m.) [lavvesɛl] — *Geschirrspülmaschine*
Mets les assiettes dans le lave-vaisselle! — *Stell die Teller in die Geschirrspülmaschine!*

lecture (f.) [lɛktyʀ] — *Lesen, Lektüre*
J'adore la lecture. — *Ich lese sehr gerne.*

léger, légère [leʒe / leʒɛʀ] — *leicht*
Votre valise est légère. — *Ihr Koffer ist leicht.*

légume (m.) [legym] — *Gemüse*
Qu'est-ce qu'on prend comme légumes? — *Was nehmen wir als Gemüse? / Welches Gemüse nehmen wir?*

lendemain (m.) [lɑ̃dəmɛ] — *der nächste Tag*
Il est reparti le lendemain. — *Er ist am nächsten Tag wieder abgereist.*

lent, -e [lɑ̃ / lɑ̃t] — *langsam*
Mon vieil ordinateur est trop lent. — *Mein alter Computer ist zu langsam.*

lentement [lɑ̃təmɑ̃] — *langsam*
Il roule lentement à cause du verglas. — *Wegen des Glatteises fährt er langsam.*

lequel, laquelle, lesquels, lesquelles [ləkɛl / lakɛl / lekɛl]	*welcher, welche, welches*
Lequel des deux as-tu choisi?	*Welchen von beiden hast du gewählt / ausgesucht?*
lettre (f.) [lɛtʀ]	*Brief*
Il m'a écrit une lettre de trois pages.	*Er hat mir einen dreiseitigen Brief geschrieben.*
leur, -s [lœʀ / lœʀ]	*ihr*
Où se trouve leur maison?	*Wo ist ihr Haus?*
lever [ləve]	*heben, hochheben*
Je n'arrive plus à lever le bras gauche.	*Ich kann den linken Arm nicht mehr hochheben.*
se lever [sələve]	*aufstehen*
Ce matin, je me suis levé à six heures.	*Heute Morgen bin ich um 6 Uhr aufgestanden.*
librairie (f.) [libʀeʀi]	*Buchhandlung*
Il y a une bonne librairie près de chez moi.	*Bei mir in der Nähe ist eine gute Buchhandlung.*
libre [libʀ]	*frei*
Je serai libre demain après-midi.	*Morgen Nachmittag bin ich frei.*
libre-service (m.) [libʀəsɛʀvis]	*Selbstbedienung*
C'est un restaurant libre-service.	*Das ist ein Selbstbedienungsrestaurant.*
licencier [lisɑ̃sje]	*entlassen*
L'entreprise a licencié cent salariés.	*Das Unternehmen hat hundert Arbeitnehmer entlassen.*
lieu (m.) [ljø]	*Ort, Stelle*
C'est un lieu très agréable.	*Das ist ein sehr angenehmer Ort.*
Les élections municipales auront lieu dimanche prochain.	*Die Kommunalwahlen finden nächsten Sonntag statt.*
au lieu de [olijødə]	*statt*
On pourrait aller au cinéma, au lieu de regarder une vidéo.	*Wir könnten ins Kino gehen, statt ein Video anzusehen.*
ligne (f.) [liɲ]	*Strecke, Linie, Leitung*
Dijon, c'est sur la ligne Paris – Lyon.	*Dijon liegt an der Strecke Paris – Lyon.*
J'ai appelé plusieurs fois, mais la ligne est occupée.	*Ich habe mehrmals angerufen, aber die Leitung ist besetzt.*
linge (m.) [lɛ̃ʒ]	*Wäsche*
J'ai encore du linge à laver.	*Ich muss noch Wäsche waschen.*
lire [liʀ]	*lesen*
J'ai lu beaucoup d'articles sur ce sujet.	*Darüber habe ich viele Artikel gelesen.*

relire [Rəlir] — *noch einmal lesen*
J'ai relu ce texte plusieurs fois. — *Ich habe diesen Text mehrmals gelesen.*

liste (f.) [list] — *Liste*
Est-ce qu'il est sur la liste? — *Steht er auf der Liste?*

lit (m.) [li] — *Bett*
Le médecin lui a dit de rester au lit. — *Der Arzt hat ihm gesagt, er soll im Bett bleiben.*

litre (m.) [litR] — *Liter*
Il boit deux litres d'eau par jour. — *Er trinkt zwei Liter Wasser pro Tag.*

livre (f.) [livR] — *Pfund*
Une livre de beurre, s'il vous plaît! — *Ein Pfund Butter, bitte!*

livre (m.) [livR] — *Buch*
J'ai pris ce livre à la bibliothèque. — *Ich habe dieses Buch in der Bibliothek ausgeliehen.*

logement (m.) [lɔʒmɑ̃] — *Wohnung*
Je cherche un logement. — *Ich suche eine Wohnung.*
Ils habitent un logement social. — *Sie wohnen in einer Sozialwohnung.*

loi (f.) [lwa] — *Gesetz*
La loi sur le temps de travail va changer. — *Das Gesetz über die Arbeitszeit wird geändert werden.*

loin [lwɛ̃] — *weit entfernt*
C'est loin, la gare? — *Ist der Bahnhof weit weg?*

loisirs (m. pl.) [lwaziR] — *Freizeitbeschäftigungen*
Quels sont vos loisirs préférés? — *Welches sind Ihre liebsten Freizeitbeschäftigungen?*

long, -ue [lõ / lõg] — *lang*
Ce sera long? — *Dauert das lang?*
Ta jupe est trop longue. — *Dein Rock ist zu lang.*

longtemps [lõtɑ̃] — *lange Zeit*
Il y a longtemps que nous ne sommes pas sortis. — *Es ist lange her, dass wir ausgegangen sind.*

louer [lwe] — *mieten*
On a loué un appartement au bord de la mer. — *Wir haben eine Wohnung am Meer gemietet.*

lourd, -e [luR / luRd] — *schwer*
Mes bagages sont très lourds. — *Mein Gepäck ist sehr schwer.*

lui, lui-même [lɥi / lɥimɛm] — *er, er selbst*
Tu lui en a déjà parlé? — *Hast du schon mit ihm darüber gesprochen?*
Il a payé son voyage lui-même. — *Er hat seine Reise selbst bezahlt.*

lumière (f.) [lymjɛʀ] — *Licht*
Eteins la lumière, s'il te plaît! — *Mach bitte das Licht aus!*

lune (f.) [lyn] — *Mond*
Ce soir, c'est la pleine lune. — *Heute Abend ist Vollmond.*

lunettes (f. pl.) [lynɛt] — *Brille*
Je ne porte des lunettes que pour conduire. — *Ich trage die Brille nur beim Autofahren.*

lycée (m.) [lise] — *Gymnasium (Oberstufe)*
Ma fille va au lycée. — *Meine Tochter geht ins Gymnasium.*

M

machine (f.) [maʃin] — *Maschine*
Ma machine à laver est en panne. — *Meine Waschmaschine ist kaputt.*

madame (f.) [madam] — *Madame, Frau*
Bonjour, Madame Dubois. — *Guten Tag, Madame Dubois.*

mademoiselle (f.) [madmwazɛl] — *Mademoiselle, Fräulein, Frau*
Je vous présente Mademoiselle Dupont. — *Ich stelle Ihnen Mademoiselle Dupont vor.*

magasin (m.) [magazɛ̃] — *Geschäft*
Le magasin est ouvert le dimanche. — *Das Geschäft ist sonntags geöffnet.*

magazine (m.) [magazin] — *Zeitschrift*
Il y a beaucoup de magazines féminins. — *Es gibt viele Frauenzeitschriften.*

magnétoscope (m.) [maɲetɔskɔp] — *Videorekorder*
Je n'ai pas de magnétoscope. — *Ich habe keinen Videorekorder.*

magnifique [maɲifik] — *herrlich*
Il faisait un temps magnifique. — *Es war ein herrliches Wetter.*

maigre [mɛgʀ] — *mager*
Cette enfant est beaucoup trop maigre. — *Dieses Kind ist viel zu mager.*

maigrir [megʀiʀ] — *abnehmen*
Elle a beaucoup maigri pendant sa maladie. — *Sie hat während ihrer Krankheit stark abgenommen.*

main (f.) [mɛ̃] — *Hand*
Où est-ce que je peux me laver les mains? — *Wo kann ich mir die Hände waschen?*

maintenant [mɛ̃tnɑ̃] — *jetzt*
Qu'est-ce qu'on fait maintenant? — *Was machen wir jetzt?*

maire (m.) [mɛʀ] — *Bürgermeister*
Elle vient d'être élue maire. — *Sie ist kürzlich zur Bürgermeisterin gewählt worden.*

mairie (f.) [meʀi] — *Rathaus*
La mairie est en face de l'église. — *Das Rathaus ist gegenüber der Kirche.*

mais [mɛ] — *aber*
J'aimerais rester plus longtemps, mais il faut que je m'en aille. — *Ich würde gerne länger bleiben, aber ich muss aufbrechen.*

maison (f.) [mezõ] — *Haus*
Il a vendu sa maison. — *Er hat sein Haus verkauft.*
Vous venez lundi soir à la maison? — *Kommen Sie Montagabend zu mir nach Hause?*

majorité (f.) [maʒɔʀite] — *Mehrheit*
La majorité a voté pour la gauche. — *Die Mehrheit hat links / die Linke gewählt.*

mal (m.) [mal] — *Schmerzen*
J'ai mal à la tête. — *Ich habe Kopfschmerzen.*
Il s'est fait mal au bras. — *Er hat sich am Arm weh getan.*

mal (adv.) [mal] — *schlecht*
Ces gens vivent mal. — *Diese Leute leben schlecht.*
Ce n'est pas mal! — *Das ist nicht schlecht!*

malade [malad] — *krank*
Il est tombé malade pendant les vacances. — *Er ist während der Ferien krank geworden.*

maladie (f.) [maladi] — *Krankheit*
Il est en congé de maladie. — *Er ist krankgeschrieben.*

malentendant (m.), **-e** (f.) [malɑ̃tɑ̃dɑ̃ / malɑ̃tɑ̃dɑ̃t] — *Schwerhöriger, Schwerhörige*
C'est un appareil pour malentendants. — *Das ist ein Apparat für Schwerhörige.*

malgré [malgʀe] — *trotz*
Il est venu à la réunion malgré sa grippe. — *Er ist trotz seiner Grippe zur Versammlung gekommen.*

malheur (m.) [malœʀ] — *Unglück, Pech*
Quel malheur! — *Was für ein Pech!*

malheureusement [maløʀøzmɑ̃] — *unglücklicherweise*
Nous ne pourrons malheureusement pas venir ce week-end. — *Wir können an diesem Wochenende leider nicht kommen.*

malheureux, malheureuse [maløʀø / maløʀøz] — *unglücklich*
Elle est très malheureuse. — *Sie ist sehr unglücklich.*

manger [mɑ̃ʒe]	*essen*
J'aime beaucoup manger du poisson.	*Ich esse sehr gerne Fisch.*
manière (f.) [manjɛʀ]	*Art und Weise*
De cette manière, tu n'y arriveras jamais.	*Auf diese Art und Weise wirst du das nie erreichen / nie zum Ziel kommen.*
manif(estation) (f.) [manif / manifɛstasjɔ̃]	*Demo(nstration)*
Il y aura une manifestation des agriculteurs demain.	*Morgen gibt es eine Demonstration der Bauern.*
manifester [manifɛste]	*demonstrieren*
Les salariés ont manifesté contre l'augmentation des impôts.	*Die Arbeitnehmer haben gegen die Steuererhöhung demonstriert.*
manquer [mɑ̃ke]	*fehlen*
Il me manque vingt euro.	*Mir fehlen 20 Euro.*
manteau (m.) [mɑ̃to]	*Mantel*
Je me suis acheté un manteau en cuir.	*Ich habe mir einen Ledermantel gekauft.*
marchand, -e (m. / f.) [maʀʃɑ̃ / maʀʃɑ̃d]	*Händler, Händlerin*
Le marchand de glace est toujours dans le parc.	*Der Eisverkäufer ist immer im Park.*
marche (f.) [maʀʃ]	*Gehen, Laufen, Stufe*
J'aime la marche à pied.	*Ich gehe gerne zu Fuß.*
Attention à la marche!	*Vorsicht Stufe!*
marché (m.) [maʀʃe]	*Markt*
On va au marché?	*Gehen wir zum Markt?*
hypermarché (m.) [ipɛʀmaʀʃe]	*(großer) Supermarkt*
Dans le centre commercial, il y a un hypermarché.	*Im Einkaufszentrum gibt es einen Supermarkt.*
supermarché (m.) [sypɛʀmaʀʃe]	*Supermarkt*
Je fais mes achats au supermarché.	*Ich kaufe im Supermarkt ein.*
marcher [maʀʃe]	*gehen, laufen*
Nous avons marché tout l'après-midi.	*Wir sind den ganzen Nachmittag gelaufen / spazieren gegangen.*
Mon lave-vaisselle ne marche plus.	*Meine Geschirrspülmaschine geht nicht mehr.*
mari (m.) [maʀi]	*(Ehe)Mann*
Le mari de Gisèle est très sympathique.	*Giselas Mann ist sehr nett.*
mariage (m.) [maʀjaʒ]	*Hochzeit*
Nous sommes invités à leur mariage.	*Wir sind zu ihrer Hochzeit eingeladen.*
marié, -e [maʀje]	*verheiratet*
Vous êtes marié?	*Sind Sie verheiratet?*

se marier [səmaʀje]
Ils se sont mariés quand?
heiraten
Wann haben sie geheiratet?

marron [maʀõ]
Il s'est acheté un manteau marron.
(kastanien)braun
Er hat sich einen braunen Mantel gekauft.

match (m.) [matʃ]
Tu as vu le match hier soir à la télé?
Spiel
Hast du gestern Abend das Spiel im Fernsehen gesehen?

matériel (m.) [mateʀjɛl]
Il va acheter du matériel de bricolage.
Material
Er kauft Bastelmaterial ein.

matin (m.) [matɛ̃]
J'ai du mal à me lever le matin.
Demain matin, je pars en vacances.
Morgen
Es fällt mir schwer, morgens aufzustehen.
Morgen früh fahre ich in Urlaub.

mauvais, -e [movɛ / movɛz]
Quel mauvais temps!
schlecht
Was für ein schlechtes Wetter!

maximum [maksimɔm]
Vous avez une heure de route maximum.
Maximum, Höchstmaß
Sie haben höchstens eine Stunde zu fahren.

me [mə]
Elle ne me parle plus.
mir, mich
Sie spricht nicht mehr mit mir.

méchant, -e [meʃɑ̃ / meʃɑ̃t]
Attention, chien méchant!
böse
Vorsicht, bissiger Hund!

médecin (m.) [medsɛ̃]
Il est allé chez le médecin.
Arzt
Er ist zum Arzt gegangen.

médecine (f.) [medsin]
Il est étudiant en médecine.
Medizin
Er studiert Medizin.

médicament (m.) [medikamɑ̃]
Le médecin lui a dit de prendre ces médicaments.
Medikament, Medizin
Der Arzt hat ihm gesagt, dass er diese Medikamente nehmen soll.

meilleur, -e [mɛjœʀ]
Je te présente mon meilleur ami.
besser
Ich stelle dir meinen besten Freund vor.

mélanger [melɑ̃ʒe]
Tu mélanges tout: le beurre, les œufs, la farine et le lait.
mischen
Du mischst alles: Butter, Eier, Mehl und Milch.

membre (m.) [mɑ̃bʀ]
Elle est membre d'une association sportive.
Mitglied
Sie ist Mitglied in einem Sportverein.

même [mɛm] — *selbst, sogar*
C'est toujours la même chose. — *Das ist immer dasselbe.*
Tout le monde s'est trompé, même le patron! — *Alle haben sich geirrt, sogar der Chef!*

ménage (m.) [menaʒ] — *Haushalt*
Le samedi, je fais le ménage. — *Samstags mache ich den Haushalt.*

menu (m.) [məny] — *Speisekarte*
Qu'est-ce qu'il y a au menu? — *Was gibt es / steht auf der Speisekarte?*

mer (f.) [mɛʀ] — *Meer*
Je passe toujours mes vacances au bord de la mer. — *Ich verbringe meine Ferien immer am Meer.*

merci [mɛʀsi] — *danke*
Merci d'avoir pensé à nous. — *Danke, dass Sie an uns gedacht haben.*
Non, merci. — *Nein danke.*

mère (f.) [mɛʀ] — *Mutter*
Ma mère a 50 ans. — *Meine Mutter ist 50 Jahre alt.*

grand-mère (f.) [gʀɑ̃mɛʀ] — *Großmutter*
Ma grand-mère a 70 ans. — *Meine Großmutter ist 70 Jahre alt.*

message (m.) [mesaʒ] — *Nachricht*
Vous pouvez nous laisser un message. — *Sie können uns eine Nachricht hinterlassen.*

mesure (f.) [məzyʀ] — *Maßnahme*
Le gouvernement a pris des mesures contre le chômage. — *Die Regierung hat Maßnahmen gegen die Arbeitslosigkeit ergriffen.*

météo (f.) [meteo] — *Wetterbericht*
La météo annonce du beau temps pour le week-end. — *Für das Wochenende sagt der Wetterbericht schönes Wetter voraus.*

métier (m.) [metje] — *Beruf*
Ingénieur en informatique, c'est un métier d'avenir. — *Informatikingenieur ist ein Zukunftsberuf.*

mètre (m.) [mɛtʀ] — *Meter*
La poste est à cinquante mètres. — *Die Post ist 50 Meter von hier.*

métro (m.) [metʀo] — *Metro*
Prenez le métro jusqu'à la gare Montparnasse. — *Nehmen Sie die Metro bis zum Bahnhof Montparnasse.*

mettre [mɛtʀ] — *setzen, legen, anlegen*
Vous pouvez mettre vos bagages à la consigne. — *Sie können Ihr Gepäck zur Aufbewahrung geben.*
Je vais mettre ma robe rouge. — *Ich ziehe mein rotes Kleid an.*
Est-ce que tu peux mettre la table? — *Kannst du den Tisch decken?*

remettre [ʀəmɛtʀ] Remettez les journaux en place!	*wieder setzen, wieder legen* *Legt die Zeitungen wieder an ihren Platz!*
meuble (m.) [mœbl] Il a de jolis meubles dans son appartement.	*Möbel* *Er hat schöne Möbel in seiner Wohnung.*
meublé, -e [mœble] Je cherche un appartement meublé.	*möbliert* *Ich suche eine möblierte Wohnung.*
micro-ondes (m.) [mikʀoõd] Un micro-ondes, c'est pratique et ça va vite.	*Mikrowelle* *Eine Mikrowelle ist praktisch und es geht schnell.*
midi [midi] Il est midi.	*Mittag, 12 Uhr* *Es ist 12 Uhr.*
après-midi (m. / f.) [apʀɛmidi] Elle a passé l'après-midi sur la plage.	*Nachmittag* *Den Nachmittag über war sie am Strand.*
Midi (m.) [midi] On passe les vacances dans le Midi.	*Süden Frankreichs* *Wir verbingen die Ferien im Süden.*
mieux [mjø] Ça va mieux, je n'ai plus de fièvre.	*besser* *Es geht besser, ich habe kein Fieber mehr.*
milieu (m.) [miljø] Il s'est arrêté au milieu de la rue.	*Milieu, Mitte* *Er ist mitten auf der Straße stehen geblieben.*
Il vient d'un milieu assez pauvre.	*Er kommt aus einem ziemlich ärmlichen Milieu.*
militaire [militɛʀ] Il conduit un camion militaire.	*militärisch* *Er fährt einen Militärlastwagen.*
mince [mɛ̃s] Jeanne est très mince.	*schlank* *Jeanne ist sehr schlank.*
mine (f.) [min] Pierre a bonne mine.	*Aussehen* *Pierre sieht gut aus.*
minimum (m.) [minimɔm] Quand il part en voyage, il emporte toujours le minimum.	*Minimum, Mindestmaß* *Wenn er auf Reisen geht, nimmt er nur das Allernötigste mit.*
ministère (m.) [ministɛʀ] Il a travaillé dix ans au Ministère du Travail.	*Ministerium* *Er war 10 Jahre im Arbeitsministerium beschäftigt.*
ministre (m.) [ministʀ] Le Premier Ministre présente son projet de loi.	*Minister* *Der Premierminister stellt seinen Gesetzentwurf vor.*

minorité (f.) [minɔʀite] — *Minorität. Minderheit*
Ce parti est en minorité. — *Diese Partei ist in der Minderheit.*

minuit (m.) [minɥi] — *Mitternacht, 12 Uhr nachts*
Il est minuit. — *Es ist Mitternacht.*

minute (f.) [minyt] — *Minute*
Attendez, j'arrive dans une minute! — *Warten Sie, ich komme in einer Minute!*

mi-temps [mitɑ̃] — *Teilzeit, Halbzeit*
Je cherche un travail à mi-temps. — *Ich suche eine Teilzeitarbeit.*

mode (f.) [mɔd] — *Mode*
Ce n'est plus la mode. — *Das ist nicht mehr Mode.*

moderne [modɛʀn] — *modern*
Vous avez un appartement très moderne. — *Sie haben eine sehr moderne Wohnung.*

moi, moi-même [mwa / mwamɛm] — *ich (selbst)*
Moi, je reste à la maison! — *Ich bleibe zu Hause!*
C'est moi qui ai répondu au téléphone. — *Ich war am Telefon / habe den Anruf angenommen.*
Je ferai la cuisine moi-même. — *Ich werde selbst kochen.*

moins [mwɛ̃] — *weniger*
Aujourd'hui il y a moins de monde qu'hier. — *Heute sind weniger Leute da als gestern.*

au moins [omwɛ̃] — *wenigstens, mindestens*
On est resté au moins une heure et demie à nager. — *Wir sind mindestens eineinhalb Stunden geschwommen.*

mois (m.) [mwa] — *Monat*
On part en vacances à la fin du mois. — *Wir fahren Ende des Monats in Urlaub.*

moitié (f.) [mwatje] — *Hälfte*
Je n'en prendrai que la moitié. — *Ich nehme nur die Hälfte (davon).*

moment (m.) [momɑ̃] — *Moment, Augenblick, Weile*
J'ai dû attendre un bon moment! — *Ich musste eine ganze Weile / ziemlich lange warten!*
On montre deux ou trois bons films en ce moment. — *Es gibt zur Zeit zwei oder drei gute Filme.*

mon, ma, mes [mõ / ma / me] — *mein, meine*
Où est mon stylo? — *Wo ist mein Kugelschreiber?*

monde (m.) [mõd] — *Welt, Menschen*
Il y a beaucoup de monde aujourd'hui. — *Heute sind viele Leute da.*
Il a voyagé dans le monde entier. — *Er ist in der ganzen Welt herumgefahren.*

monnaie (f.) [mɔnɛ]
Vous avez de la monnaie?
Vous pouvez me faire de la monnaie?

(Klein)Geld
Haben Sie Kleingeld?
Können Sie mir das in Kleingeld wechseln?

monsieur (m.) [məsjø]
Au revoir, Monsieur Durand.

Monsieur, Herr
Auf Wiedersehen, Monsieur Durand.

montagne (f.) [mõtaɲ]
Nous avons fait une randonnée en montagne.

Berg
Wir haben eine Bergwanderung gemacht.

monter [mõte]
On monte sur la Tour Eiffel?

steigen
Steigen wir auf den Eiffelturm?

remonter [ʀəmõte]
Je ne suis plus remontée sur un vélo depuis l'âge de 10 ans.

wieder hinaufsteigen
Ich bin, seit ich 10 war, nicht mehr auf ein Fahrrad gestiegen.

montre (f.) [mõtʀ]
Ma montre ne marche pas.

Uhr
Meine Uhr geht nicht.

montrer [mõtʀe]
Je vais vous montrer votre chambre.

zeigen
Ich werde Ihnen Ihr Zimmer zeigen.

morceau (m.) [mɔʀso]
Je prendrai encore un morceau de viande.

Stück
Ich nehme noch ein Stück Fleisch.

mort, -e [mɔʀ / mɔʀt]
Sa femme est morte dans un accident de voiture.

tot
Seine Frau ist bei einem Verkehrsunfall ums Leben gekommen.

mot (m.) [mo]
Comment s'écrit ce mot?

Wort
Wie schreibt man dieses Wort?

moteur (m.) [motœʀ]
Il faut changer le moteur de votre voiture.

Motor
Der Motor Ihres Wagens muss ausgetauscht werden.

moto (f.) [moto]
Il voudrait s'acheter une nouvelle moto.

Motorrad
Er möchte sich ein neues Motorrad kaufen.

mouillé, -e [muje]
Mes vêtements sont mouillés à cause de la pluie.

nass
Meine Kleidung ist durch den Regen nass geworden.

mouvement (m.) [muvmɑ̃]
Elle a fait un faux mouvement.
Il fait partie d'un mouvement politique.

Bewegung
Sie hat eine falsche Bewegung gemacht.
Er ist Mitglied in einer politischen Gruppierung.

moyen (m.) [mwajɛ̃]
Il n'y a aucun moyen de les joindre.

Mittel
Es gibt keine Möglichkeit, sie zu erreichen.

moyen, -ne [mwajɛ̃ / mwajɛn] — *mittlerer, mittlere*
C'est une femme de taille moyenne. — *Das ist eine Frau von mittlerer Größe.*

moyen (m.) **de transport** [mwajɛ̃dətʀɑ̃spɔʀ] — *Verkehrsmittel*
Quel moyen de transport utilisez-vous? — *Welches Verkehrsmittel benutzen Sie?*

municipal, -e [mynisipal] — *Gemeinde-, Kommunal-*
Les élections municipales auront lieu dimanche prochain. — *Die Kommunalwahlen finden nächsten Sonntag statt.*

mur (m.) [myʀ] — *Mauer, Wand*
Tu as déjà vu l'affiche publicitaire sur le mur de la mairie? — *Hast du das Werbeplakat an der Rathausmauer schon gesehen?*

musée (m.) [myze] — *Museum*
Les musées sont fermés le mardi. — *Dienstags sind die Museen geschlossen.*

musique (f.) [myzik] — *Musik*
J'aime la musique classique. — *Ich liebe klassische Musik.*

N

nager [naʒe] — *schwimmen*
Elle nage comme un poisson. — *Sie schwimmt wie ein Fisch.*

naissance (f.) [nɛsɑ̃s] — *Geburt*
Votre date de naissance? — *Ihr Geburtsdatum?*

national, -e [nasjonal] — *national*
On prend la route nationale. — *Wir nehmen die Nationalstraße.*

nationalité (f.) [nasjonalite] — *Nationalität*
Elle est de nationalité française. — *Sie hat die französische Staatsbürgerschaft.*

nature (f.) [natyʀ] — *Natur*
La nature est de plus en plus polluée. — *Die Natur ist immer stärker verschmutzt.*

naturel, -le [natyʀɛl] — *natürlich*
C'est tout à fait naturel! — *Das ist ganz natürlich!*

naturellement [natyʀɛlmɑ̃] — *natürlich*
Naturellement, il n'est pas encore arrivé. — *Er ist noch nicht da, natürlich!*

ne ... ni ... ni [nənini] — *weder ... noch*
Il ne viendra ni demain ni après-demain. — *Er kommt weder morgen noch übermorgen.*

ne ... pas / ne ... plus / ne ... jamais [nəpa / nəply / nəʒamɛ]	*nicht / nicht mehr / nie*
Il ne boit pas, ne fume plus et ne joue jamais.	*Er trinkt nicht, raucht nicht mehr und spielt nie.*
ne ... que [nəkə]	*nur*
Il n'aime que moi!	*Er mag nur mich!*
nécessaire [nesesɛʀ]	*nötig, notwendig*
Est-ce que c'est vraiment nécessaire?	*Ist das wirklich nötig?*
né, -e [ne]	*geboren*
Je suis née à Chartres.	*Ich bin in Chartres geboren.*
négatif, négative [negatif / negativ]	*negativ*
Il lui a donné une réponse négative.	*Er hat ihm / ihr eine negative Antwort gegeben.*
neige (f.) [nɛʒ]	*Schnee*
Il y a beaucoup de neige sur les routes.	*Auf den Straßen liegt viel Schnee.*
neiger [neʒe]	*schneien*
Il a neigé toute la nuit.	*Es hat die ganz Nacht geschneit.*
nettoyer [nɛtwaje]	*reinigen*
Tu as nettoyé mon pantalon?	*Hast du meine Hose sauber gemacht / gereinigt?*
neuf, neuve [nœf / nœv]	*neu*
Elle est neuve, ta voiture?	*Ist dein Wagen neu?*
Quoi de neuf?	*Was gibt's Neues?*
nouveau, nouvel, nouvelle [nuvo / nuvɛl / nuvɛl]	*neu*
Je vous présente ma nouvelle amie.	*Ich stelle euch meine neue Freundin vor.*
Nouvel An (m.) [nuvɛlɑ̃]	*Jahreswende, Neujahr*
Je passe le Nouvel An avec mes amis.	*Die Jahreswende verbringe ich mit meinen Freunden.*
neutre [nøtʀ]	*neutral*
Il est resté neutre dans la discussion.	*Er ist in der Diskussion neutral geblieben.*
nez (m.) [ne]	*Nase*
Il a saigné du nez.	*Er hatte Nasenbluten.*
niveau (m.) [nivo]	*Ebene, Standard*
Leur niveau de vie est assez bas.	*Ihr Lebensstandard ist ziemlich niedrig.*
Noël (m.) [noɛl]	*Weihnachten*
On passe Noël en famille.	*Wir verbringen Weihnachten in der Familie.*

noir, -e [nwaʀ]	*schwarz*
Tu peux allumer? Il fait déjà noir.	*Kannst du Licht machen? Es ist schon dunkel.*
Vous verrez une grande tour noire.	*Sie sehen dann einen großen, schwarzen Turm.*
nom (m.) [nõ]	*Name*
Nom: Dubois	*Name: Dubois*
nombre (m.) [nõbʀ]	*Zahl*
Ils sont venus en grand nombre.	*Sie sind zahlreich / in großer Zahl gekommen.*
non [nõ]	*nein, nicht*
Non, merci!	*Nein danke!*
Elle n'aime pas le poisson. – Moi non plus.	*Sie mag keinen Fisch. – Ich auch nicht.*
non-voyant, -e [nõvwajɑ̃ / nõvwajɑ̃t]	*blind*
Il est dans un centre pour non-voyants.	*Er lebt in einem Zentrum für Blinde.*
nord (m.) [nɔʀ]	*Norden*
Je viens du Nord de la France.	*Ich komme / stamme aus Nordfrankreich.*
normal, -e [nɔʀmal]	*normal*
Il n'est pas chez lui. Ce n'est pas normal!	*Er ist nicht zu Hause. Das ist nicht normal!*
normalement [nɔʀmalmɑ̃]	*normalerweise*
Normalement, je ne travaille pas le week-end.	*Normalerweise arbeite ich am Wochenende nicht.*
note (f.) [nɔt]	*Rechnung, Notiz*
Préparez-moi la note, s'il vous plaît!	*Machen Sie mir bitte die Rechnung fertig!*
Je vais prendre des notes.	*Ich werde mir Notizen machen.*
noter [nɔte]	*notieren, aufschreiben*
Tu as noté son numéro de téléphone?	*Hast du seine Telefonnummer notiert?*
notre, nos [nɔtʀ / no]	*unser, unsere*
Voilà notre fils.	*Das ist unser Sohn.*
Nos enfants font des études.	*Unsere Kinder studieren.*
nous [nu]	*wir*
Nous vous avons envoyé cette lettre par erreur.	*Wir haben Ihnen diesen Brief aus Versehen / irrtümlich zugeschickt.*
nous-mêmes [numɛm]	*wir selbst*
Nous avons construit notre maison nous-mêmes.	*Wir haben unser Haus selbst gebaut.*
nuage (m.) [nɥaʒ]	*Wolke*
Regarde les nuages! Il va bientôt pleuvoir.	*Schau dir die Wolken an! Es wird bald regnen.*

nucléaire (m.) [nykleɛʀ] — *Kernkraft*
Je suis contre le nucléaire. — *Ich bin gegen die Kernkraft.*

nuit (f.) [nɥi] — *Nacht*
Il va bientôt faire nuit. — *Es ist bald Nacht / dunkel.*

nulle part [nylpaʀ] — *nirgends*
J'ai cherché mes clés partout, mais je ne les ai trouvées nulle part. — *Ich habe meine Schlüssel überall gesucht, aber nirgends gefunden.*

numéro (m.) [nymeʀo] — *Nummer*
Quel est votre numéro de téléphone? — *Welche Telefonnummer haben Sie?*
Tu as reçu le dernier numéro de ce magazine? — *Hast du die letzte Nummer / Ausgabe dieser Zeitschrift bekommen?*

O

objectif, objective [ɔbʒɛktif / ɔbʒɛktiv] — *objektiv*
Il est resté objectif dans son article. — *Er ist in seinem Artikel objektiv geblieben.*

objet (m.) [ɔbʒɛ] — *Gegenstand*
Il fait collection de toutes sortes d'objets. — *Er sammelt alle möglichen Gegenstände.*

obligatoire [ɔbligatwaʀ] — *Pflicht, obligatorisch*
L'école est obligatoire. — *Die Schule ist Pflicht.*

obligé, -e [ɔbliʒe] — *verpflichtet, gezwungen*
Je suis obligé de partir. — *Ich muss fort / abreisen.*

occasion (f.) [ɔkazjõ] — *Gelegenheit*
On ne peut pas manquer une occasion comme celle-là. — *Eine Gelegenheit wie diese darf man nicht verpassen.*
J'ai eu l'occasion de faire sa connaissance. — *Ich hatte die Gelegenheit, ihn kennen zu lernen.*

occuper [ɔkype] — *besetzen*
Son téléphone est toujours occupé. — *Sein Telefon ist immer besetzt.*
Il est toujours très occupé. — *Er ist immer sehr beschäftigt.*

s'occuper [sɔkype] — *sich kümmern*
Ne vous inquiétez pas, je m'occupe des enfants. — *Machen Sie sich keine Sorgen, ich kümmere mich um die Kinder.*

odeur (f.) [ɔdœʀ] — *Duft, Geruch*
J'aime beaucoup l'odeur du pain frais. — *Ich liebe den Duft von frischem Brot.*

œil (m.), **les yeux** (m. pl.), [œj / lezjø] — *Auge, Augen*
Il a jeté un coup d'œil sur ces papiers. — *Er hat einen flüchtigen Blick auf diese Unterlagen geworfen.*
Elle a les yeux bleus. — *Sie hat blaue Augen.*

œuf (m.) [œf] — *Ei*
Un œuf dur, s'il vous plaît! — *Ein hart gekochtes Ei, bitte!*

office de tourisme (m.) [ɔfisdətuʀizm] — *Fremdenverkehrsamt*
L'office de tourisme est juste en face de la mairie. — *Das Fremdenverkehrsamt ist genau gegenüber vom Rathaus.*

offrir [ɔfʀiʀ] — *anbieten*
Je peux vous offrir une tasse de thé? — *Kann ich Ihnen eine Tasse Tee anbieten?*

oiseau (m.) [wazo] — *Vogel*
Tu entends les oiseaux? — *Hörst du die Vögel?*

ombre (f.) [õbʀ] — *Schatten*
Il fait 30 degrés à l'ombre. — *Es sind 30 Grad im Schatten.*

on [õ] — *man*
On boit beaucoup de vin en France. — *In Frankreich wird viel Wein getrunken.*
Julie et moi, on habite ici. — *Julie und ich wohnen hier.*

opéra (m.) [ɔpeʀa] — *Oper*
Je ne vais jamais à l'opéra. — *Ich gehe nie in die Oper.*

opération (f.) [ɔpeʀasjõ] — *Operation*
Ce n'était pas une grave opération. — *Das war keine schwere Operation.*

opinion (f.) [ɔpinjõ] — *Meinung*
Quelle est ton opinion sur ce sujet? — *Was ist deine Meinung zu diesem Thema?*

opposition (f.) [ɔpozisjõ] — *Opposition*
Ce parti politique est actuellement dans l'opposition. — *Diese Partei ist zur Zeit in der Opposition.*

or (m.) [ɔʀ] — *Gold*
J'ai perdu une montre en or. — *Ich habe eine goldene Uhr verloren.*

orage (m.) [ɔʀaʒ] — *Gewitter*
J'ai peur de l'orage. — *Ich habe Angst vor Gewitter.*

orageux, orageuse [ɔʀaʒø / ɔʀaʒøz] — *stürmisch, gewittrig*
La météo annonce un temps orageux. — *Der Wetterbericht sagt stürmisches Wetter / Gewitter voraus.*

orange (f.) [ɔʀɑ̃ʒ] — *Apfelsine, Orange*
Deux kilos d'oranges, s'il vous plaît! — *Zwei Kilo Apfelsinen, bitte!*

ordinaire [ɔʀdinɛʀ] — *gewöhnlich, einfach*
C'est un vin ordinaire. — *Das ist ein einfacher Wein.*

extraordinaire [ekstʀaɔʀdinɛʀ] — *außergewöhnlich*
C'est un film extraordinaire. — *Das ist ein außergewöhnlicher Film.*

ordinateur (m.) [ɔʀdinatœʀ] — *Computer*
Quels programmes avez-vous sur votre ordinateur? — *Welche Programme haben Sie auf Ihrem Computer?*

ordre (m.) [ɔʀdʀ] — *Befehl, Anweisung*
Il donne des ordres à tout le monde. — *Er erteilt jedem Befehle.*

oreille (f.) [ɔʀɛj] — *Ohr*
J'ai mal aux oreilles. — *Ich habe Ohrenschmerzen.*

organisation (f.) [ɔʀganizasjõ] — *Organisation*
Sa secrétaire n'a aucune organisation. — *Seine Sekretärin ist schlecht organisiert.*
C'est une organisation syndicale. — *Das ist eine Gewerkschaftsorganisation.*

organiser [ɔʀganize] — *organisieren*
J'organise une petite fête avec des amis. — *Ich veranstalte ein kleines Fest mit Freunden.*

réorganiser [ʀeɔʀganize] — *umorganisieren*
La nouvelle direction a réorganisé l'entreprise. — *Die neue Direktion hat das Unternehmen umorganisiert.*

origine (f.) [ɔʀiʒin] — *Ursprung, Herkunft*
Quel est votre pays d'origine? — *Aus welchem Land kommen / stammen Sie?*

oser [oze] — *wagen*
Il n'a pas osé le déranger. — *Er hat nicht gewagt, ihn zu stören.*

ou [u] — *oder*
Tu rentres avec nous ou tu restes? — *Kommst zu mit uns nach Hause oder bleibst du noch?*

où [u] — *wo*
Où travaillez-vous? — *Wo arbeiten Sie?*

oublier [ublije] — *vergessen*
N'oubliez pas de composter vos billets! — *Vergessen Sie nicht, Ihre Fahrkarten zu entwerten!*
Je l'avais oublié au bureau. — *Ich hatte es im Büro vergessen.*

ouest (m.) [wɛst] — *Westen*
Il habite à l'ouest de Paris. — *Er wohnt westlich von Paris.*

oui [wi] — *ja*
Oui et non. — *Ja und nein.*
Oui, bien sûr! — *Ja, natürlich!*

Oui, merci! — *Ja, danke!*
Ah oui? — *Ach ja?*
Eh oui! — *Ja, ja!*

ouverture (f.) [uvɛʀtyʀ] — *Öffnung*
Ouverture des magasins à 10 heures — *Geschäftsöffnung um 10 Uhr*

ouvrier (m.), **ouvrière** (f.) [uvʀije / uvʀijɛʀ] — *Arbeiter, Arbeiterin*
Il est ouvrier chez Renault. — *Er ist Arbeiter bei Renault.*

ouvrir [uvʀiʀ] — *öffnen*
La banque ouvre à 9 heures. — *Die Bank öffnet um 9 Uhr.*

P

page (f.) [paʒ] — *Seite*
Son article a paru en première page. — *Sein Artikel ist auf der ersten Seite erschienen.*

paiement (m.) [pɛmɑ̃] — *Zahlung*
Le paiement peut se faire par chèque ou avec une carte de crédit. — *Die Zahlung kann per Scheck oder mit Kreditkarte erfolgen.*

pain (m.) [pɛ̃] — *Brot*
Vous voulez du pain? — *Möchten Sie Brot?*

panne (f.) [pan] — *Panne*
Ma voiture est encore en panne. — *Mein Wagen ist noch kaputt.*

pantalon (m.) [pɑ̃talɔ̃] — *Hose*
Il a acheté un pantalon gris. — *Er hat eine graue Hose gekauft.*

papier (m.) [papje] — *Papier*
Voilà du papier et un stylo. — *Hier ist Papier und ein Stift.*

Pâques (f. pl.) [pak] — *Ostern*
On a trois semaines de vacances à Pâques. — *Zu Ostern haben wir drei Wochen Ferien.*
Joyeuses Pâques! — *Frohe Ostern!*

paquet (m.) [pakɛ] — *Paket*
On fait les paquets pour Noël. — *Wir packen die Pakete für Weihnachten.*
Un paquet de Gauloises, s'il vous plaît! — *Ein Päckchen Gauloises, bitte!*

par [paʀ] — *durch, mit, per, aus, über*
Il passe par Paris. — *Er fährt über Paris.*
J'arrive par le train. — *Ich komme mit dem Zug.*
Il l'a fait par amitié. — *Er hat es aus Freundschaft gemacht.*
Vous payez par chèque? — *Zahlen Sie mit / per Scheck?*

par exemple [paʀɛgzɑ̃pl]	*zum Beispiel*
Est-ce que vous lisez des journaux français, Le Monde par exemple?	*Lesen Sie französische Zeitungen, Le Monde zum Beispiel?*
paraître [paʀɛtʀ]	*scheinen, erscheinen*
Cet magazine paraît tous les mois.	*Diese Zeitschrift erscheint jeden Monat.*
il paraît [ilpaʀɛ]	*es scheint*
Il paraît qu'il a trop de travail.	*Es scheint, dass er zu viel Arbeit hat.*
parapluie (m.) [paʀaplɥi]	*Regenschirm*
Il a oublié son parapluie dans le métro.	*Er hat seinen Schirm in der Metro vergessen / liegen lassen.*
parc (m.) [paʀk]	*Park*
On se promène souvent dans ce parc.	*Wir gehen oft in diesem Park spazieren.*
parce que [paʀskə]	*weil*
Nous ne sommes pas sortis parce qu'il pleuvait.	*Wir sind nicht ausgegangen, weil es regnete.*
pardon [paʀdõ]	*Entschuldigung*
Pardon, Monsieur, je cherche la poste.	*Entschuldigung, Monsieur, ich suche die Post.*
parents (m. pl.) [paʀɑ̃]	*Eltern*
Quand j'étais célibataire, j'habitais chez mes parents.	*Als ich Junggeselle war, wohnte ich bei meinen Eltern.*
grands-parents (m. pl.) [gʀɑ̃paʀɑ̃]	*Großeltern*
Mes grands-parents sont à la retraite.	*Meine Großeltern sind im Ruhestand / in Rente.*
parfait,-e [paʀfɛ / paʀfɛt]	*perfekt, vollkommen*
Cette maison est vraiment parfaite!	*Dieses Haus ist wirklich perfekt!*
Parfait, à 19 heures donc!	*Alles klar, um 19 Uhr also!*
parfaitement [paʀfɛtmɑ̃]	*vollkommen*
Tu as parfaitement raison.	*Du hast vollkommen Recht.*
parfum (m.) [paʀfɛ̃]	*Parfum*
Ton parfum est agréable.	*Dein Parfum duftet angenehm.*
Nous avons des glaces à tous les parfums.	*Wir haben alle Sorten Eis.*
parking (m.) [paʀkiŋ]	*Parkplatz*
C'est vraiment difficile de trouver un parking en ville.	*Es ist wirklich schwierig, in der Stadt einen Parkplatz zu finden.*
parler [paʀle]	*sprechen*
Elle sait parler français.	*Sie spricht / kann Französisch.*
Est-ce que je peux parler à Monsieur Dupont?	*Kann ich Herrn Dupont sprechen?*

reparler [ʀəpaʀle]	*wieder / noch einmal sprechen*
Nous reparlerons de cette affaire plus tard.	*Wir sprechen über diese Sache später noch einmal.*
parmi [paʀmi]	*unter, zwischen*
C'est une solution parmi d'autres.	*Das ist eine von mehreren Lösungen.*
part (f.) [paʀ]	*Teil, Seite*
Je viens de la part de Monsieur Didier.	*Ich komme im Auftrag von Monsieur Didier.*
Il n'a pas pu prendre part à notre discussion.	*Er konnte an unserer Diskussion nicht teilnehmen.*
nulle part [nylpaʀ]	*nirgends*
J'ai cherché mes clés partout, mais je ne les ai trouvées nulle part.	*Ich habe meine Schlüssel überall gesucht, aber nirgends gefunden.*
quelque part [kɛlkəpaʀ]	*irgendwo*
Je cherche mon livre. Tu l'as vu quelque part?	*Ich suche mein Buch. Hast du es irgendwo gesehen?*
partager [paʀtaʒe]	*teilen*
Je ne partage pas votre point de vue.	*Ich teile Ihren Standpunkt nicht.*
partenaire (m. / f.) [paʀtənɛʀ]	*Partner, Partnerin*
Demandez à votre partenaire ce qu'il en pense.	*Fragen Sie Ihren Partner, was er darüber denkt.*
parti (m.) [paʀti]	*Partei*
Il est membre d'un parti?	*Ist er Mitglied einer Partei?*
participant (m.), **-e** (f.) [paʀtisipɑ̃ / paʀtisipɑ̃t]	*Teilnehmer, Teilnehmerin*
Il y a dix participants dans mon cours.	*Es sind 10 Teilnehmer in meinem Kurs.*
participer [paʀtisipe]	*teilnehmen*
Il n'a pas pu participer à la dernière réunion.	*Er konnte an der letzten Sitzung nicht teilnehmen.*
particulier, particulière [paʀtikylje/ paʀtikyljɛʀ]	*besonderer, besondere, Sonder-*
On ne peut pas comparer, c'est un cas particulier.	*Das kann man nicht vergleichen, das ist ein Sonderfall.*
particulièrement [paʀtikyljɛʀmɑ̃]	*besonders*
Le steak est particulièrement bon!	*Das Steak ist besonders gut!*
partie (f.) [paʀti]	*Partie, Teil*
On joue une partie de cartes?	*Spielen wir eine Partie Karten?*
Ils font partie du même groupe.	*Sie gehören zu derselben Gruppe.*
partir [paʀtiʀ]	*abreisen, weggehen*
Excusez-moi, il faut que je parte.	*Entschuldigen Sie, ich muss aufbrechen.*

à partir de [apaʀtiʀdə] — *von … an, ab*
Ce film est seulement pour les enfants à partir de 12 ans. — *Dieser Film ist erst für Kinder ab 12.*

repartir [ʀəpaʀtiʀ] — *wieder fortgehen / abreisen*
Je repars à Paris dimanche après-midi. — *Ich fahre Sonntagnachmittag nach Paris zurück.*

partout [paʀtu] — *überall*
Je ne peux pas être partout à la fois! — *Ich kann nicht überall zugleich sein!*

passage (m.) [pasaʒ] — *Durchreise*
Je suis seulement de passage. — *Ich bin nur auf der Durchreise.*

passager (m.), **passagère** (f.) [pasaʒe / pasaʒɛʀ] — *Passagier, Passagierin*
Tous les passagers de l'avion sont morts. — *Alle Passagiere des Flugzeuges sind tot.*

passé (m.) [pase] — *Vergangenheit*
Tout ça, c'est du passé, alors n'en parlons plus. — *Das ist alles Vergangenheit, sprechen wir also nicht mehr darüber.*

passeport (m.) [paspɔʀ] — *Pass*
Votre passeport, s'il vous plaît! — *Ihren Pass, bitte!*

passer [pase] — *vorbeigehen, vorbeifahren, durchfahren*
Le train passe par Lyon. — *Der Zug fährt über Lyon.*
Elle passe son temps à bricoler. — *Sie verbringt ihre Zeit mit Basteln.*
Elle a passé son bac à 17 ans. — *Sie hat ihr Abi mit 17 gemacht.*
Il est passé me voir hier. — *Er ist gestern bei mir vorbeigekommen.*
Tu me passes la salade, s'il te plaît? — *Reichst du mir bitte den Salat?*
Vous pouvez me passer Monsieur Dubois? [téléphone] — *Können Sie mir Monsieur Dubois geben? [Telefon]*

se passer [səpase] — *passieren*
Il se passe tous les jours quelque chose dans ce quartier. — *Jeden Tag passiert etwas in diesem Stadtviertel.*

pâtes (f. pl.) [pat] — *Nudeln, Teigwaren*
Vous aimez les pâtes? — *Mögen Sie Nudeln?*

patience (f.) [pasjɑ̃s] — *Geduld*
Merci de votre patience! — *Danke für Ihre Geduld!*

pâtisserie (f.) [patisʀi] — *Konditorei, Kuchen*
J'ai acheté ce gâteau à la pâtisserie du coin. — *Diesen Kuchen habe ich beim Konditor an der Ecke gekauft.*
Moi, j'aime bien toutes les pâtisseries. — *Ich esse jeden Kuchen gerne.*

patron (m.), **-ne** (f.) [patʀɔ̃ / patʀɔn] — *Chef, Chefin*
Le patron de Brigitte lui a demandé de travailler jusqu'au 15 juillet. — *Der Chef von Brigitte hat sie gebeten, bis zum 15. Juli zu arbeiten.*
Je voudrais parler au patron. — *Ich möchte den Chef sprechen.*

pauvre [povʀ] C'est un quartier pauvre.	*arm* *Das ist ein armes Stadtviertel.*
payant [pejɑ̃] Stationnement payant	*gebührenpflichtig* *Gebührenpflichtiger Parkplatz*
payer [peje] Vous l'avez payée combien, cette robe?	*zahlen, bezahlen* *Wie viel haben Sie für dieses Kleid bezahlt?*
pays (m.) [peji] Vous venez de quel pays?	*Land* *Aus welchem Land kommen / stammen Sie?*
paysage (m.) [peizaʒ] Quel beau paysage!	*Landschaft* *Was für eine schöne Landschaft!*
péage (m.) [peaʒ] C'est une autoroute à péage.	*Maut, Gebühr* *Das ist ein Autobahn mit Gebühren / Maut.*
peau (f.) [po] J'ai la peau sèche.	*Haut* *Ich habe eine trockene Haut.*
peine (f.) [pɛn] Cela me fait de la peine de vous voir dans cet état.	*Mühe, Kummer* *Es macht mir Kummer, Sie in diesem Zustand zu sehen.*
pendant [pɑ̃dɑ̃] Nous avons travaillé pendant deux mois sur ce projet.	*während* *Wir haben zwei Monate lang an diesem Projekt gearbeitet.*
pendant que [pɑ̃dɑ̃kə] Fais la salade pendant que moi, je prépare la viande.	*während* *Mach schon mal den Salat, während ich das Fleisch vorbereite.*
penser [pɑ̃se] Je pense que vous avez raison.	*denken* *Ich denke, Sie haben Recht.*
pension (f.) [pɑ̃sjõ] La chambre coûte 100 euro, pension complète.	*Pension* *Das Zimmer kostet mit Vollpension 100 Euro.*
demi-pension (f.) [dəmipɑ̃sjõ] Quel est le prix de la demi-pension?	*Halbpension* *Wie teuer ist Halbpension?*
Pentecôte (f.) [pɑ̃tkot] A la Pentecôte, on partira à la campagne.	*Pfingsten* *Zu Pfingsten fahren wir aufs Land.*
perdre [pɛʀdʀ] J'ai perdu mon porte-monnaie. Il a perdu son travail.	*verlieren* *Ich habe mein Portemonnaie verloren.* *Er hat seine Stellung verloren.*

père (m.) [pɛʀ]	*Vater*
Son père est à la retraite.	*Sein Vater ist im Ruhestand / in Rente.*
grand-père (m.) [gʀɑ̃pɛʀ]	*Großvater*
Mon grand-père est très âgé.	*Mein Großvater ist sehr alt.*
période (f.) [peʀjɔd]	*Periode*
Elle a été élue pour une période de deux ans.	*Sie ist auf zwei Jahre gewählt worden.*
périphérique (m.) [peʀifeʀik]	*Umgehung, Umgehungsstraße*
Vous prenez le périphérique nord.	*Nehmen Sie die nördliche Umgehung.*
permettre [pɛʀmɛtʀ]	*erlauben*
Mon père me permet de prendre sa voiture.	*Mein Vater erlaubt mir, dass ich seinen Wagen nehme.*
Si tu m'aidais, ça me permettrait de rentrer plus tôt.	*Wenn du mir helfen würdest, könnte ich früher nach Hause fahren.*
se permettre [səpɛʀmɛtʀ]	*sich erlauben*
Si je peux me permettre, je voudrais ajouter quelque chose.	*Wenn ich es mir erlauben darf, würde ich gerne etwas hinzufügen.*
permis (m.) [pɛʀmi]	*Erlaubnis, Erlaubnisschein*
Il n'a pas de permis de conduire (de travail, de séjour).	*Er hat keinen Führerschein (keine Arbeits-, Aufenthaltsgenehmigung).*
personne (f.) [pɛʀsɔn]	*Person*
Je voudrais réserver une chambre pour deux personnes.	*Ich möchte ein Zimmer für zwei Personen reservieren.*
(ne ...) personne [(nə) pɛʀsɔn]	*niemand*
Personne n'est venu le voir depuis qu'il est à l'hôpital.	*Niemand hat ihn besucht, seit er im Krankenhaus ist.*
Tu as vu quelqu'un? – Non, personne.	*Hast du jemand gesehen? – Nein, niemand.*
petit, -e [p(ə)ti / p(ə)tit]	*klein*
J'organise une petite fête avec des amis.	*Ich organisiere ein kleines Fest mit Freunden.*
petit déjeuner (m.) [pətideʒœne]	*Frühstück*
Au petit déjeuner, je mange des croissants.	*Zum Frühstück esse ich Croissants.*
petite-fille (f.) [pətitfij]	*Enkelin*
J'ai deux petites-filles.	*Ich habe zwei Enkelinnen.*
petit-fils (m.) [pətifis]	*Enkel*
Mon petit-fils a dix ans.	*Mein Enkel ist 10 Jahre alt.*
petits-enfants (m. pl.) [pətizɑ̃fɑ̃]	*Enkelkinder*
Ma grand-mère a quatre petits-enfants.	*Meine Großmutter hat vier Enkel.*

peu [pø]	*wenig*
Elle fume peu.	*Sie raucht wenig.*
un peu de [ɛ̃pødə]	*ein wenig*
Est-ce que je pourrais avoir un peu d'eau?	*Könnte ich wohl etwas Wasser haben?*
peuple (m.) [pœpl]	*Volk*
C'est un peuple sympathique.	*Das ist ein sympathisches Volk.*
pharmacie (f.) [faʀmasi]	*Apotheke*
On ne trouve ce médicament qu'en pharmacie.	*Man findet dieses Medikament nur in Apotheken.*
photo (f.) [foto]	*Foto*
Vous voulez voir les photos de nos dernières vacances?	*Wollen Sie die Fotos von unserem letzten Urlaub sehen?*
pièce (f.) [pjɛs]	*Zimmer, Stück*
On cherche un trois pièces.	*Wir suchen eine 3-Zimmer-Wohnung.*
J'ai encore besoin d'une pièce de 2 euro.	*Ich brauche noch ein 2-Euro-Stück.*
Je ne connais pas les pièces de Ionesco.	*Die Stücke von Ionesco kenne ich nicht.*
pied (m.) [pje]	*Fuß*
Elle a mal aux pieds.	*Ihr schmerzen die Füße.*
J'y suis allé à pied.	*Ich bin zu Fuß hingegangen.*
pierre (f.) [pjɛʀ]	*Stein*
C'est une vieille maison en pierres.	*Das ist ein altes Steinhaus.*
piéton (m.) [pjetõ]	*Fußgänger*
Les piétons ont la priorité dans cette zone.	*Fußgänger haben in diesem Bereich Vorrang.*
piéton, -ne [pjetõ / pjetɔn]	*Fußgänger-*
C'est une zone piétonne.	*Das ist eine Fußgängerzone.*
piétonnier, piétonnière [pjetɔnje / pjetɔnjɛʀ]	*Fußgänger-*
Vous devez visiter notre rue piétonnière.	*Sie müssen unbedingt unsere Fußgängerzone sehen.*
pile (f.) [pil]	*Batterie*
Il faut changer les piles de la radio.	*Die Batterien des Radios müssen ausgewechselt werden.*
pique-nique (m.) [piknik]	*Picknick*
Si on faisait un pique-nique dimanche?	*Wie wär's, wenn wir Sonntag ein Picknick machten?*
pique-niquer [piknike]	*picknicken*
On pourra s'arrêter à mi-chemin et pique-niquer.	*Wir könnten unterwegs anhalten und picknicken.*

piscine (f.) [pisin] — *Schwimmbad*
On va à la piscine. — *Wir gehen ins Schwimmbad.*

place (f.) [plas] — *Platz*
Le théâtre est place du marché. — *Das Theater liegt am Marktplatz.*
Est-ce que cette place est libre? — *Ist dieser Platz frei?*
Qu'est-ce que tu ferais à ma place? — *Was würdest du an meiner Stelle tun?*

plage (f.) [plaʒ] — *Strand*
Il y a beaucoup de monde sur la plage. — *Am Strand sind viele Leute.*

se plaindre [səplɛ̃dʀ] — *sich beklagen*
Tu ne peux vraiment pas te plaindre! — *Du kannst dich wirklich nicht beklagen!*

plaire [plɛʀ] — *gefallen*
L'hôtel ne nous a pas tellement plu. — *Das Hotel hat uns nicht besonders gefallen.*

plaisir (m.) [pleziʀ] — *Freude*
J'espère que nous aurons bientôt le plaisir de vous voir. — *Ich hoffe, dass wir bald das Vergnügen haben, Sie zu sehen.*
Ça me fait plaisir de te revoir. — *Ich freue mich sehr, dich wieder zu sehen.*
Avec plaisir! — *Mit Vergnügen!*

plan (m.) [plɑ̃] — *Plan*
Je voudrais un plan de la ville. — *Ich möchte gerne einen Stadtplan.*

plante (f.) [plɑ̃t] — *Pflanze*
Elle m'a offert une plante verte. — *Sie hat mir eine Grünpflanze geschenkt.*

plat (m.) [pla] — *Gericht*
Je prendrai un plat chaud. — *Ich nehme ein warmes Gericht.*

plat, -e [pla / plat] — *flach*
Le Nord de la France est très plat. — *Der Norden Frankreichs ist sehr flach.*

plein,-e [plɛ̃ / plɛn] — *voll*
Mon fils paie le plein tarif. — *Mein Sohn zahlt den vollen Preis.*
Le frigo est plein. — *Der Kühlschrank ist voll.*

plein (m.) [plɛ̃] — *Füllung*
Le plein (d'essence), s'il vous plaît! — *Voll tanken, bitte!*

plein temps [plɛ̃tɑ̃] — *Vollzeit*
Elle ne peut pas travailler à plein temps à cause des enfants. — *Sie kann wegen der Kinder nicht voll arbeiten.*

pleurer [plœʀe] — *weinen*
Allez, ne pleure pas! — *Weine doch nicht!*

pleuvoir [pløvwaʀ] — *regnen*
Quand il a commencé à pleuvoir, nous sommes rentrés dans un café. — *Als es anfing zu regnen, sind wir in ein Café gegangen.*

pluie (f.) [plɥi]	*Regen*
La pluie nous a empêchés de sortir.	*Der Regen hat uns davon abgehalten, auszugehen.*
plupart [plypaʀ]	*meiste*
La plupart du temps il a plu.	*Die meiste Zeit hat es geregnet.*
plus [ply]	*mehr*
Il y a plus de six mois qu'il n'a pas écrit.	*Es ist schon über sechs Monate her, dass er geschrieben hat.*
Elle est beaucoup plus jeune que son mari.	*Sie ist viel jünger als ihr Mann.*
On le voit plus. Qu'est-ce qu'il devient?	*Man sieht ihn gar nicht mehr. Was ist los mit ihm?*
de plus en plus [dəplyzɑ̃ply]	*immer mehr*
J'ai de plus en plus mal.	*Mir tut es immer mehr weh.*
plusieurs [plyzjœʀ]	*mehrere*
Il nous téléphone plusieurs fois par semaine.	*Er ruft uns mehrmals pro Woche an.*
pneu (m.) [pnø]	*Reifen*
Je dois changer les pneus. Est-ce qu'il y a un garage près d'ici?	*Ich muss die Reifen wechseln. Gibt es eine Werkstatt hier in der Nähe?*
poche (f.) [pɔʃ]	*Tasche*
Ne mets pas tes mains dans les poches!	*Steck die Hände nicht in die Hosentaschen!*
poids (m.) [pwa]	*Gewicht*
Poids: 53 kg	*Gewicht: 53 kg*
point (m.) [pwɛ]	*Punkt*
Résultat final du test: 20 points	*Endgültiges Testergebnis: 20 Punkte*
point de vue (m.) [pwɛ̃dəvy]	*Standpunkt*
Je ne partage pas votre point de vue.	*Ich teile Ihren Standpunkt nicht.*
poisson (m.) [pwasõ]	*Fisch*
On mange toujours du poisson le vendredi.	*Freitags essen wir immer Fisch.*
poivre (m.) [pwavʀ]	*Pfeffer*
Passe-moi le poivre, s'il te plaît!	*Gib mir bitte den Pfeffer!*
poli, -e [pɔli]	*höflich*
Elle n'est pas toujours très polie.	*Sie ist nicht immmer sehr höflich.*
impoli, -e [ɛ̃pɔli]	*unhöflich*
Cet enfant est impoli.	*Dieses Kind ist unhöflich.*

police (f.) [pɔlis]	*Polizei*
La police est arrivée quelques minutes après l'accident.	*Die Polizei ist einige Minuten nach dem Unfall gekommen.*
Appelez «Police secours»!	*Rufen Sie den Polizeinotruf an!*
politique (f.) [pɔlitik]	*Politik*
Elle est entrée en politique.	*Sie ist in die Politik gegangen.*
politique (m.) [pɔlitik]	*Politiker*
Les politiques devraient trouver une solution au problème du chômage.	*Die Politiker sollten eine Lösung für das Problem der Arbeitslosigkeit finden.*
politique [pɔlitik]	*politisch*
Il ne cache jamais ses tendances politiques.	*Er versteckt seine politischen Ansichten nie.*
pollué, -e [pɔlɥe]	*verschmutzt*
La nature est de plus en plus polluée.	*Die Natur ist immer stärker verschmutzt.*
pollution (f.) [pɔlysjõ]	*Verschmutzung*
La pollution des grandes villes est un grave problème.	*Die Umweltverschmutzung in den Großstädten ist ein schwieriges Problem.*
pomme de terre (f.) [pɔmdətɛʀ]	*Kartoffel*
Achète un kilo de pommes de terre, s'il te plaît!	*Kauf bitte ein Kilo Kartoffeln!*
pompier (m.) [põpje]	*Feuerwehrmann*
Au feu! Appelez les pompiers!	*Feuer! Rufen Sie die Feuerwehr!*
pont (m.) [põ]	*Brücke*
Ils viennent de construire ce pont.	*Diese Brücke wurde kürzlich erst gebaut.*
population (f.) [pɔpylasjõ]	*Bevölkerung*
La population des villes augmente de plus en plus.	*Die Bevölkerung in den Städten nimmt immer mehr zu.*
porc (m.) [pɔʀ]	*Schwein, Schweinefleisch*
Je préfère le porc au veau.	*Ich esse lieber Schweinefleisch als Kalbfleisch.*
port (m.) [pɔʀ]	*Hafen*
Le restaurant est juste en face du port.	*Das Restaurant ist genau gegenüber vom Hafen.*
portable (m. / adj.) [pɔʀtabl]	*Handy*
J'ai acheté un (téléphone) portable.	*Ich habe ein Handy gekauft.*
porte (f.) [pɔʀt]	*Tür*
Tu peux ouvrir la porte?	*Könntest du die Tür öffnen?*
portefeuille (m.) [pɔʀtəfœj]	*Brieftasche*
J'ai perdu mon portefeuille avec ma carte d'identité.	*Ich habe meine Brieftasche zusammen mit dem Personalausweis verloren.*

porte-monnaie (m.) [pɔʀtmɔnɛ]	*Portemonnaie*
J'ai trouvé un porte-monnaie dans la rue.	*Ich habe ein Portemonnaie auf der Straße gefunden.*
porter [pɔʀte]	*tragen*
Je peux vous aider à porter les valises?	*Kann ich Ihnen helfen, die Koffer zu tragen?*
Je porte des lunettes pour conduire.	*Beim Fahren trage ich eine Brille.*
emporter [ɑ̃pɔʀte]	*mitnehmen*
Je peux emporter tes affaires.	*Ich kann deine Sachen mitnehmen.*
poser [poze]	*legen, stellen*
Vous pouvez poser votre valise ici.	*Sie können Ihren Koffer hier abstellen.*
Est-ce que je peux vous poser une question?	*Kann ich Sie etwas fragen?*
positif, positive [pozitif / pozitiv]	*positiv*
Il m'a donné une réponse positive.	*Er hat mir eine positive Antwort gegeben.*
possible [pɔsibl]	*möglich*
J'aimerais bien venir, mais ce n'est pas possible.	*Ich würde gerne kommen, aber das ist nicht möglich.*
impossible [ɛ̃pɔsibl]	*unmöglich*
C'est absolument impossible!	*Das ist absolut unmöglich!*
poste (f.) [pɔst]	*Post*
Où est la poste, s'il vous plaît?	*Wo ist die Post, bitte?*
pot (m.) [po]	*Topf, Krug*
Il a cassé le pot à fleurs.	*Er hat den Blumentopf kaputtgemacht.*
poulet (m.) [pulɛ]	*Huhn*
Vous mangez du poulet?	*Essen Sie Hühnchen?*
pour [puʀ]	*für*
J'ai apporté ça pour vous.	*Das habe ich für Sie mitgebracht.*
Je regrette, mais je ne suis pas pour.	*Ich bedaure, aber ich bin nicht dafür.*
pourboire (m.) [puʀbwaʀ]	*Trinkgeld*
On laisse un pourboire?	*Geben wir ein Trinkgeld?*
pourquoi [puʀkwa]	*warum*
Pourquoi êtes-vous en retard?	*Warum kommt ihr zu spät?*
Et si on allait au théâtre? – Pourquoi pas!	*Wie wär's, wenn wir ins Theater gingen? – Warum nicht!*
pourtant [puʀtɑ̃]	*jedoch*
Je suis encore très fatiguée, et pourtant j'ai bien dormi.	*Ich bin noch immer sehr müde, dabei habe ich doch gut geschlafen.*

pousser [puse]	*stoßen, gedeihen*
Pousse le lit contre le mur!	*Schieb das Bett an die Wand!*
Elles poussent bien, tes plantes!	*Deine Pflanzen gedeihen aber gut!*
poussière (f.) [pusjɛʀ]	*Staub*
Tu as vu toute cette poussière?	*Hast du all den Staub gesehen?*
pouvoir [puvwaʀ]	*können*
Je ne peux plus rester debout! On s'assoit.	*Ich kann nicht mehr stehen! Setzen wir uns.*
Allô, est-ce que je pourrais parler à Monsieur Didier?	*Hallo, könnte ich bitte Monsieur Didier sprechen?*
pratique [pʀatik]	*praktisch*
Un micro-ondes, c'est vraiment pratique!	*Eine Mikrowelle ist wirklich praktisch!*
précis, -e [pʀesi / pʀesiz]	*genau, präzise*
Ses informations ne sont jamais très précises.	*Seine Informationen sind nie sehr präzise.*
préférer [pʀefeʀe]	*vorziehen, lieber haben*
Je préfère le vin à la bière.	*Ich trinke lieber Wein als Bier.*
prendre [pʀɑ̃dʀ]	*nehmen*
N'oublie pas de prendre tes clés!	*Vergiss nicht, deine Schlüssel mitzunehmen!*
Je prends toujours le train de 17 heures.	*Ich nehme immer den Zug um 17 Uhr.*
Prenez la première rue à droite.	*Biegen Sie die erste Straße rechts ab.*
Il a pris ses vacances en août.	*Er hat seinen Urlaub im August genommen.*
Vous prenez un thé?	*Nehmen Sie einen Tee?*
reprendre [ʀəpʀɑ̃dʀ]	*noch einmal / wieder nehmen*
Ce thé est excellent! J'en reprendrais bien un peu.	*Dieser Tee ist ausgezeichnet! Ich nehme gerne noch ein wenig davon.*
Fini les vacances! Je reprends mon travail demain.	*Die Ferien sind zu Ende! Ich fange morgen wieder an zu arbeiten.*
prénom (m.) [pʀenɔ̃]	*Vorname*
Son prénom est Marie.	*Ihr Vorname ist Marie.*
préparation (f.) [pʀepaʀasjɔ̃]	*Vorbereitung*
La préparation du repas a duré une heure.	*Die Zubereitung des Essens hat eine Stunde gedauert.*
préparer [pʀepaʀe]	*vorbereiten*
J'ai préparé une soupe aux légumes.	*Ich habe eine Gemüsesuppe vorbereitet.*
Je n'ai pas le temps, je prépare un examen.	*Ich habe keine Zeit, ich bereite eine Prüfung vor.*
près [pʀɛ]	*nahe, bei, in der Nähe von*
Elle habite près de Strasbourg.	*Sie wohnt bei Straßburg.*

présenter [pʀezɑ̃te]	*vorstellen*
Je vous présente Monsieur Dupont.	*Ich stelle Ihnen Monsieur Dupont vor.*
Nous vous présentons nos meilleurs vœux.	*Wir senden Ihnen unsere besten Wünsche.*
président (m.) [pʀezidɑ̃]	*Präsident*
C'est lui le président de cette association.	*Präsident dieses Verbandes ist er.*
presque [pʀɛskə]	*fast*
Elle n'est presque jamais là.	*Sie ist fast nie da.*
presse (f.) [pʀɛs]	*Presse*
Elle en a informé la presse.	*Sie hat die Presse darüber informiert.*
pressé, -e [pʀese]	*eilig*
Dépêche-toi, je suis pressée!	*Mach schon, ich hab's eilig!*
prêt, -e [pʀɛ / pʀɛt]	*fertig*
Votre voiture sera prête dans 4 ou 5 jours.	*Ihr Wagen ist in vier oder fünf Tagen fertig.*
On est prêt à partir.	*Wir sind soweit, wir können gehen.*
prêter [pʀete]	*leihen*
Tu me prêtes ta voiture?	*Leihst du mir deinen Wagen?*
prétexte (m.) [pʀetɛkst]	*Vorwand*
Il va certainement trouver un prétexte pour ne pas venir.	*Er findet bestimmt einen Vorwand, um nicht zu kommen.*
preuve (f.) [pʀœv]	*Beweis*
Vous avez une preuve?	*Haben Sie einen Beweis?*
prévenir [pʀevniʀ]	*benachrichtigen, warnen*
Je vous préviendrai deux jours à l'avance.	*Ich werde Sie zwei Tage vorher benachrichtigen.*
prier [pʀije]	*bitten*
Je vous prie de croire à l'expression de mes sentiments les meilleurs. [lettre]	*Mit freundlichen Grüßen [Schlussformel im Brief]*
Merci. – Je vous en prie.	*Danke. – Bitte sehr. / Nichts zu danken.*
principal, -e [pʀɛ̃sipal]	*Haupt-*
C'est la rue principale.	*Das ist die Hauptstraße.*
priorité (f.) [pʀiɔʀite]	*Vorrang, Vorfahrt*
Les piétons ont la priorité dans cette zone.	*In diesem Bereich haben die Fußgänger Vorrang.*
privé, -e [pʀive]	*privat*
C'est une école privée.	*Das ist eine Privatschule.*
prix (m.) [pʀi]	*Preis*
Les prix ont encore augmenté.	*Die Preise sind noch weiter gestiegen.*

problème (m.) [pʀɔblɛm] — *Problem*
Le chômage est un grave problème. — *Die Arbeitslosigkeit ist ein großes Problem.*

prochain, -e [pʀɔʃɛ̃ / pʀɔʃɛn] — *nächster, nächste*
Continuez tout droit jusqu'au prochain carrefour. — *Immer geradeaus bis zur nächsten Kreuzung.*
A la semaine prochaine! — *Bis nächste Woche!*

proche [pʀɔʃ] — *nahe*
Où se trouve la cabine téléphonique la plus proche? — *Wo ist die nächste Telefonzelle?*

producteur (m.), **productrice** (f.) [pʀɔdyktœʀ / pʀɔdyktʀis] — *Produzent, Produzentin*
La France est un producteur important d'énergie nucléaire. — *Frankreich ist ein wichtiger Produzent von Kernenergie.*

production (f.) [pʀɔdyksjõ] — *Produktion*
Notre production baisse d'année en année. — *Unsere Produktion geht von Jahr zu Jahr weiter zurück.*

produire [pʀɔdɥiʀ] — *produzieren*
Qu'est-ce qu'on produit dans cette entreprise? — *Was wird in diesem Unternehmen produziert?*

produit (m.) [pʀɔdɥi] — *Produkt, Mittel*
Je dois acheter un produit pour laver la vaisselle. — *Ich muss ein Geschirrspülmittel kaufen.*

profession (f.) [pʀɔfɛsjõ] — *Beruf*
Quelle est votre profession? — *Was sind Sie von Beruf?*

professionnel, -le [pʀɔfɛsjɔnɛl] — *beruflich*
Quelles sont vos expériences professionnelles? — *Welche Berufserfahrungen haben Sie?*

profiter [pʀɔfite] — *nutzen*
J'ai profité de l'occasion pour aller le voir. — *Ich habe die Gelegenheit genutzt, um ihn zu besuchen.*

profond, -e [pʀɔfõ / pʀɔfõd] — *tief*
Vous ne pouvez pas nager ici, l'eau n'est pas assez profonde. — *Hier können Sie nicht schwimmen, das Wasser ist nicht tief genug.*

programme (m.) [pʀɔgʀam] — *Programm*
Qu'est-ce qu'il y a au programme ce soir? — *Was steht für heute Abend auf dem Programm?*
Quels programmes avez-vous sur votre ordinateur? — *Welche Programme haben Sie auf Ihrem Computer?*

progrès (m.) [pʀɔgʀɛ] — *Fortschritt*
Cet enfant fait de grands progrès. — *Dieses Kind macht große Fortschritte.*

projet (m.) [pʀɔʒɛ] Quels sont vos projets de vacances?	*Projekt* *Welche Urlaubspläne haben Sie?*
promenade (f.) [pʀɔmnad] On a fait une promenade dans la forêt.	*Spaziergang* *Wir haben einen Spaziergang im Wald gemacht.*
se promener [səpʀɔmne] On va se promener?	*spazieren gehen* *Gehen wir spazieren?*
promettre [pʀɔmɛtʀ] Il a promis de s'occuper personnellement de cette affaire.	*versprechen* *Er hat versprochen, sich persönlich um diese Angelegenheit zu kümmern.*
proposer [pʀopoze] Ils ont proposé de nous raccompagner.	*vorschlagen* *Sie haben vorgeschlagen, uns nach Hause zu begleiten.*
proposition (f.) [pʀopozisjõ] Cette proposition est inacceptable.	*Vorschlag* *Dieser Vorschlag ist unannehmbar.*
propre [pʀɔpʀ] La chambre n'est pas très propre.	*sauber* *Das Zimmer ist nicht sehr sauber.*
protection (f.) [pʀɔtɛksjõ] La protection de l'environnement est un problème très actuel.	*Schutz* *Der Umweltschutz ist ein sehr aktuelles Problem.*
protéger [pʀɔteʒe] Il faut protéger la nature.	*schützen* *Die Natur muss man schützen.*
prouver [pʀuve] Prouvez que vous avez raison!	*beweisen* *Beweisen Sie doch, dass Sie Recht haben!*
province (f.) [pʀɔvɛ̃s] Moi, je préfère habiter en province.	*Provinz* *Ich aber möchte lieber in der Provinz wohnen.*
prudent, -e [pʀydɑ̃ / pʀydɑ̃t] Sois prudent, il y a du verglas sur les routes!	*vorsichtig* *Sei vorsichtig, es ist Glatteis auf den Straßen!*
public (m.) [pyblik] Le Président de la République s'est adressé au public.	*Öffentlichkeit* *Der Staatspräsident hat sich an die Öffentlichkeit gewandt.*
public, publique [pyblik] C'est un jardin public.	*öffentlich* *Das ist ein öffentlicher Garten.*
publicitaire [pyblisitɛʀ] La ville est pleine d'affiches publicitaires.	*Werbe-* *Die Stadt ist voll mit Werbeplakaten.*

pub(licité) (f.) [pyb(lisite)] — *Werbung*
On a fait beaucoup de publicité pour ces voitures. — *Für diese Wagen wurde eine Menge Werbung gemacht.*

puis [pɥi] — *dann*
Puis vous continuez tout droit. — *Dann fahren Sie weiter geradeaus.*
J'ai d'abord habité à Paris et puis, plus tard, à Rennes. — *Zuerst habe ich in Paris gewohnt, später dann in Rennes.*

pull(-over) (m.) [pyl(ɔvɛʀ)] — *Pulli, Pullover*
Ce pull te va très bien. — *Dieser Pulli steht dir sehr gut.*

Q

quai (m.) [ke] — *Bahnsteig*
Départ: quai N° 5 — *Abfahrt: Bahnsteig 5*

qualité (f.) [kalite] — *Qualität*
La qualité de la vie a beaucoup diminué ces dernières années. — *Die Lebensqualität hat in den letzten Jahren sehr abgenommen.*

quand [kɑ̃] — *wann, als*
Quand j'étais étudiant, j'allais souvent au cinéma. — *Als ich Student war, bin ich oft ins Kino gegangen.*
Vous partez quand? — *Wann reisen Sie ab?*

quand même [kɑ̃mɛm] — *trotzdem*
Il avait la grippe, mais il est venu quand même. — *Er hatte Grippe, aber er ist trotzdem gekommen.*

quantité [kɑ̃tite] — *Menge*
J'achète le lait toujours en grande quantité. — *Ich kaufe Milch immer in großen Mengen.*

quart [kaʀ] — *Viertel*
Le train part dans un quart d'heure. — *Der Zug fährt in einer Viertelstunde ab.*
Un quart de litre, s'il vous plaît! — *Einen Viertelliter, bitte!*

quartier (m.) [kaʀtje] — *Stadtviertel*
Je ne suis pas du quartier. — *Ich stamme nicht aus diesem Viertel.*

que [kə] — *dass*
J'espère que vous allez mieux. — *Ich hoffe, dass es Ihnen besser geht.*

ne ... que [nəkə] — *nur*
Il n'aime que moi! — *Er mag nur mich!*

quel, quelle, quels, quelles [kɛl] — *welcher, welche, welches*
Tu es arrivé à quelle heure? — *Wann bist du angekommen?*

quelque, quelques [kɛlkə] — *irgendwelche, einige*
On ira quelque part en Bretagne. — *Wir fahren irgendwohin in die Bretagne.*
On a parlé à quelques ouvriers. — *Wir haben mit einigen Arbeitern gesprochen.*

quelque part [kɛlkəpaʀ] — *irgendwo, irgendwohin*
Je cherche mon livre. Tu l'as vu quelque part? — *Ich suche mein Buch. Hast du es irgendwo gesehen?*

quelqu'un [kɛlkɛ̃] — *irgendjemand, jemand*
Il y a quelqu'un? — *Ist da jemand?*

qu'est-ce que [kɛskə] — *was*
Qu'est-ce que vous faites demain? — *Was machen Sie morgen?*

qu'est-ce qui [kɛski] — *was*
Voyons, qu'est-ce qui ne va pas? — *Aber, aber, was ist denn los? / wo fehlts denn?*

question (f.) [kɛstjõ] — *Frage*
Je voudrais vous poser une question. — *Ich möchte Sie etwas fragen.*
C'est une question très importante. — *Das ist eine sehr wichtige Frage.*

qui [ki] — *wer, der*
Le jeune homme qui porte des lunettes est le copain de Marie. — *Der junge Mann mit der Brille ist der Freund von Marie.*
Qui est-ce que tu as rencontré? — *Wen hast du getroffen?*
Qui a téléphoné? — *Wer hat angerufen?*

quitter [kite] — *verlassen*
Vous n'avez jamais quitté votre pays? — *Haben Sie Ihr Land nie verlassen?*
Ne quittez pas, s'il vous plaît! [téléphone] — *Bleiben Sie bitte am Apparat! [Telefon]*

quoi [kwa] — *was*
A quoi penses-tu? — *Woran denkst du?*

R

raccompagner [ʀakõpaɲe] — *zurückbegleiten*
Je te raccompagne chez toi. — *Ich bringe dich nach Hause.*

racheter [ʀaʃte] — *wieder kaufen*
Il faut racheter du pain. — *Wir müssen wieder Brot kaufen / Brot nachkaufen.*

raconter [ʀakõte] — *erzählen*
Il m'a raconté une histoire. — *Er hat mir eine Geschichte erzählt.*

radio (f.) [Radjo] | *Radio*
Tu écoutes la radio? | *Hörst du Radio?*

radio-réveil (m.) [RadjoRevɛj] | *Radiowecker*
Elle m'a offert un radio-réveil pour mon anniversaire. | *Sie hat mir zum Geburtstag einen Radiowecker geschenkt.*

raison (f.) [Rezõ] | *Grund, Recht*
Il croit toujours avoir raison. | *Er glaubt, immer Recht zu haben.*

ralentir [Ralɑ̃tiR] | *langsamer fahren*
Ralentis, il y a un stop! | *Fahr langsamer, da ist ein Stoppschild!*

ramasser [Ramase] | *aufheben, einsammeln, aufsammeln*
Nous avons ramassé des feuilles dans le parc. | *Wir haben Blätter im Park aufgesammelt.*

ramener [Ramne] | *zurückbringen, mitbringen*
Tu peux ramener du pain? | *Kannst du Brot mitbringen?*

randonnée (f.) [Rɑ̃dɔne] | *Wanderung*
Nous avons fait une randonnée en montagne. | *Wir haben eine Bergwanderung gemacht.*

ranger [Rɑ̃ʒe] | *aufräumen*
Il faut absolument que je range ma chambre. | *Ich muss unbedingt mein Zimmer aufräumen.*

rapide [Rapid] | *schnell*
L'avion, c'est plus rapide et beaucoup moins fatigant. | *Das Flugzeug ist schneller und weit weniger ermüdend.*

rappeler [Raple] | *wieder anrufen, zurückrufen*
Laissez-nous votre numéro de téléphone, nous vous rappellerons. | *Geben Sie uns Ihre Telefonnummer, wir rufen Sie zurück.*

se rappeler [səRaple] | *sich erinnern*
Je ne me rappelle plus où je l'ai rencontré. | *Ich erinnere mich nicht mehr, wo ich ihn getroffen habe.*

rapport (m.) [RapɔR] | *Bericht, Beziehung*
Il a écrit un rapport de plus de dix pages. | *Er hat einen Bericht von über zehn Seiten geschrieben.*
J'ai de bons rapports avec mes collègues. | *Ich habe ein gutes Verhältnis zu meinen Kollegen.*

rare [RaR] | *selten*
C'est rare qu'on vienne ici. | *Hierher kommt man nur selten.*

rarement [RaRmɑ̃] | *selten*
Il va rarement au théâtre. | *Er geht selten ins Theater.*

se raser [səʀaze]
Je ne me suis pas encore rasé ce matin.
sich rasieren
Ich habe mich heute Morgen noch nicht rasiert.

rater [ʀate]
Dépêche-toi, tu vas rater ton train!
verpassen
Beeil dich, du verpasst sonst den Zug!

rayon (m.) [ʀɛjõ]
Le rayon sports est au sous-sol.
Abteilung
Die Sportabteilung ist im Untergeschoss.

réaction (f.) [ʀeaksjõ]
Quelle a été la réaction des syndicats?
Reaktion
Was war die Reaktion der Gewerkschaften?

réalisable [ʀealizabl]
Ce travail est tout à fait réalisable.
realisierbar
Diese Arbeit ist ohne Probleme machbar.

irréalisable [iʀealizabl]
Votre projet est irréalisable.
nicht realisierbar
Ihr Projekt ist nicht realisierbar.

réaliser [ʀealize]
J'ai pu réaliser tous mes projets.
realisieren, verwirklichen
Ich habe alle meine Projekte verwirklichen können.

réalité (f.) [ʀealite]
En réalité, ça s'est passé autrement.
Realität
Die Sache hat sich in Wirklichkeit anders abgespielt.

réception (f.) [ʀesɛpsjõ]
On vous attendra à la réception de l'hôtel.
Rezeption, Empfang
Wir warten an der Hotelrezeption auf Sie.

recevoir [ʀəs(ə)vwaʀ]
Tu as reçu ma lettre?
erhalten
Hast du meinen Brief erhalten?

réchauffer [ʀeʃofe]
Il faut réchauffer ce repas.
aufwärmen, wieder heiß machen
Das Essen muss aufgewärmt werden.

rechercher [ʀəʃɛʀʃe]
J'irai rechercher les enfants à l'école.
(wieder) suchen, wieder abholen
Ich hole die Kinder wieder von der Schule ab.

Cette entreprise recherche deux secrétaires.
Diese Firma sucht zwei Sekretärinnen.

réclamation (f.) [ʀeklamasjõ]
Le bureau des réclamations est au premier étage.
Reklamation
Das Reklamationsbüro ist im ersten Stock.

réclamer [ʀeklame]
Les syndicats réclament des augmentations de salaire.
reklamieren, fordern
Die Gewerkschaften fordern Lohnerhöhungen.

recommander [ʀəkɔmɑ̃de]	*empfehlen*
Je vous recommande ce vin.	*Ich empfehle Ihnen diesen Wein.*
J'ai reçu deux lettres recommandées.	*Ich habe zwei Einschreibbriefe erhalten.*
recommencer [ʀəkɔmɑ̃se]	*wieder anfangen*
Le mauvais temps a recommencé.	*Das Wetter ist wieder schlecht geworden.*
reconnaître [ʀəkɔnɛtʀ]	*wieder erkennen*
Je ne l'ai pas reconnu tout de suite.	*Ich habe ihn nicht gleich wieder erkannt.*
recyclable [ʀəsyklabl]	*wieder verwertbar*
Tous nos articles sont recyclabes.	*Alle unsere Artikel sind wieder verwertbar.*
recyclé, -e [ʀəsykle]	*recycelt*
Je n'utilise que du papier recyclé.	*Ich verwende nur recyceltes Papier.*
recycler [ʀəsykle]	*recyceln*
On peut recycler les bouteilles en verre.	*Glasflaschen kann man recyclen.*
redemander [ʀədəmɑ̃de]	*noch einmal fragen, bitten*
Je lui ai redemandé son adresse.	*Ich habe sie / ihn noch einmal nach ihrer / seiner Adresse gefragt.*
redescendre [ʀədesɑ̃dʀ]	*wieder nach unten gehen*
Je redescends chercher les valises.	*Ich gehe noch einmal hinunter und hole die Koffer.*
redire [ʀədiʀ]	*noch einmal sagen*
Je le lui ai redit, mais il a encore oublié.	*Ich es ihm noch einmal gesagt, aber er hat es wieder vergessen.*
redonner [ʀədɔne]	*wieder / noch einmal geben*
Il m'a redonné son adresse, mais je l'ai encore perdue.	*Er hat mir seine Adresse noch einmal gegeben, aber ich habe sie wieder verloren.*
réduction (f.) [ʀedyksɔ̃]	*Preisnachlass*
Pour les familles nombreuses, il y a une carte de réduction.	*Für kinderreiche Familien gibt es eine Karte für Preisnachlässe.*
réel, -le [ʀeɛl]	*reell, echt*
Cet enfant a de réelles difficultés.	*Dieses Kind hat echte Schwierigkeiten.*
réellement [ʀeɛlmɑ̃]	*wirklich*
Vous croyez réellement que ça marchera?	*Glauben Sie wirklich, dass das funktioniert?*
refaire [ʀəfɛʀ]	*noch einmal machen*
Ce travail est à refaire.	*Diese Arbeit muss noch einmal gemacht werden.*
refermer [ʀəfɛʀme]	*wieder schließen*
Refermez la porte, s'il vous plaît!	*Schließen Sie bitte wieder die Tür!*

réfléchir [ReflefiR]
J'ai longtemps réfléchi à ce problème.
nachdenken
Ich habe lange über dieses Problem nachgedacht.

refuser [Rəfyze]
Le patron lui a refusé une augmentation de salaire.
verweigern, ablehnen
Der Chef hat ihm eine Gehaltserhöhung verweigert.

regarder [RəgaRde]
On regarde la télé, ce soir?
betrachten, schauen, sehen
Wollen wir heute Abend fernsehen?

région (f.) [Reʒjõ]
Ils habitent la région parisienne.
Region, Gegend
Sie wohnen im Raum Paris.

régional, -e [Reʒjonal]
C'est un produit régional.
Regional-
Das ist ein Produkt aus der Gegend.

en règle [ɑ̃Rɛgl]
Vos papiers ne sont pas en règle.
in Ordnung
Ihre Papiere sind nicht in Ordnung.

règlement (m.) [Rɛgləmɑ̃]
Le règlement interdit de faire du bruit après 22 heures.
Regelung
Die Regelung untersagt, dass nach 22 Uhr noch Lärm gemacht wird.

régler [Regle]
Il faut régler cette affaire rapidement.
regeln
Die Sache müssen wir schnell regeln.

regret (m.) [RəgRɛ]
J'ai le regret de vous informer de mon départ.
Bedauern
Ich bedaure, dass ich Ihnen dies sagen muss: Ich reise ab.

regretter [RəgRɛte]
Je regrette mais je ne pouvais pas venir à ton anniversaire.
bedauern
Es tut mir Leid, aber ich konnte zu deinem Geburtstag nicht kommen.

relation (f.) [Rəlasjõ]
J'ai de bonnes relations avec ma famille.
Beziehung
Ich habe ein gutes Verhältnis zu meiner Familie.
Il a beaucoup de relations dans le milieu industriel.
Er hat viele Beziehungen zur Industrie.

religion (f.) [Rəliʒjõ]
Il y a plusieurs religions en France.
Religion
In Frankreich gibt es mehrere Religionen.

relire [RəliR]
J'ai relu ce texte plusieurs fois.
noch einmal lesen
Ich habe diesen Text mehrmals gelesen.

remarque (f.) [RəmaRk]
C'est une remarque intéressante.
Bemerkung
Das ist eine interessante Bemerkung.

remarquer [RəmaRke]
Vous avez remarqué qu'il ne lui parle plus?
bemerken
Haben Sie bemerkt, dass er nicht mehr mit ihm / ihr spricht?

remboursement (m.) [ʀɑ̃buʀsmɑ̃]	*Erstattung*
Le remboursement se fera sur votre compte bancaire.	*Die Kostenerstattung wird auf Ihr Bankkonto überwiesen.*
rembourser [ʀɑ̃buʀse]	*erstatten*
Je regrette, mais je ne peux pas vous rembourser.	*Es tut mir Leid, aber ich kann Ihnen die Kosten nicht erstatten.*
remerciement (m.) [ʀəmɛʀsimɑ̃]	*Dank*
Avec tous mes remerciements.	*Mit bestem Dank.*
remercier [ʀəmɛʀsje]	*danken*
Je vous remercie d'être venu.	*Ich danke Ihnen, dass Sie gekommen sind.*
remettre [ʀəmɛtʀ]	*wieder setzen, wieder legen*
Remettez les journaux en place!	*Legt die Zeitungen wieder an ihren Platz!*
remonter [ʀəmɔ̃te]	*wieder hinaufsteigen*
Je ne suis plus remontée sur un vélo depuis l'âge de 10 ans.	*Ich bin, seit ich 10 war, nicht mehr auf ein Fahrrad gestiegen.*
remplacer [ʀɑ̃plase]	*ersetzen, vertreten*
Il faut que je fasse remplacer les pneus de ma voiture.	*Ich muss die Reifen meines Wagens ersetzen / erneuern lassen.*
Est-ce que tu pourrais me remplacer demain?	*Könntest du mich morgen vertreten?*
remplir [ʀɑ̃pliʀ]	*füllen, ausfüllen*
Remplissez ce formulaire, s'il vous plaît!	*Füllen Sie bitte dieses Formular aus!*
rencontre (f.) [ʀɑ̃kɔ̃tʀ]	*Begegnung*
J'ai fait sa rencontre la semaine dernière.	*Ich habe ihn letzte Woche kennen gelernt.*
rencontrer [ʀɑ̃kɔ̃tʀe]	*begegnen, treffen*
Où est-ce que vous l'avez rencontré pour la première fois?	*Wo haben Sie ihn zum ersten Mal getroffen?*
se rencontrer [səʀɑ̃kɔ̃tʀe]	*sich begegnen, sich treffen*
Nous nous sommes rencontrés devant le cinéma.	*Wir haben uns vor dem Kino getroffen.*
rendez-vous (m.) [ʀɑ̃devu]	*Verabredung*
Je lui ai donné rendez-vous à 11 heures dans un café.	*Ich habe mich für 11 Uhr mit ihm / ihr in einem Café verabredet.*
rendre [ʀɑ̃dʀ]	*zurückgeben, abstatten, erweisen*
Vous pouvez me rendre mon livre?	*Können Sie mir mein Buch zurückgeben?*
On lui a rendu visite à l'hôpital.	*Wir haben ihn im Krankenhaus besucht.*
Vous m'avez vraiment rendu un grand service.	*Sie haben mir wirklich einen großen Gefallen getan.*

renseignement (m.) [ʀɑ̃sɛɲ(ə)mɑ̃] — *Auskunft, Information*
Je voudrais des renseignements sur la région. — *Ich hätte gerne Informationen über die Gegend.*
Où se trouve le bureau de renseignements? — *Wo ist das Informationsbüro?*

renseigner [ʀɑ̃sɛɲe] — *Auskunft geben*
Je suis désolé, mais je ne peux pas vous renseigner. — *Es tut mir Leid, aber ich kann Ihnen keine Auskunft geben.*

rentrée (f.) [ʀɑ̃tʀe] — *Schuljahrsbeginn*
La rentrée scolaire est en septembre. — *Das neue Schuljahr fängt im September an.*

rentrer [ʀɑ̃tʀe] — *nach Hause gehen / fahren*
Il va bientôt faire nuit. Rentrons! — *Es ist bald Nacht. Lass uns nach Hause gehen!*

renvoyer [ʀɑ̃vwaje] — *zurückschicken*
Renvoyez-nous la lettre signée. — *Schicken Sie uns den Brief unterschrieben zurück.*

réorganiser [ʀeɔʀganize] — *umorganisieren*
La nouvelle direction a réorganisé l'entreprise. — *Die neue Direktion hat das Unternehmen umorganisiert.*

réparation [ʀepaʀasjɔ̃] — *Reparatur*
La réparation de votre voiture va durer quelques jours. — *Die Reparatur Ihres Wagens wird einige Tage dauern.*

réparer [ʀepaʀe] — *reparieren*
La voiture n'est pas encore réparée. — *Der Wagen ist noch nicht repariert.*

reparler [ʀəpaʀle] — *wieder / noch einmal sprechen*
Nous reparlerons de cette affaire plus tard. — *Wir sprechen über diese Sache später noch einmal.*

repartir [ʀəpaʀtiʀ] — *wieder fortgehen / abreisen*
Je repars à Paris dimanche après-midi. — *Ich fahre Sonntagnachmittag nach Paris zurück.*

repas (m.) [ʀəpa] — *Essen, Mahlzeit*
Il a préparé le repas tout seul. — *Er hat das Essen ganz allein vorbereitet.*

répéter [ʀepete] — *wiederholen*
Vous pouvez répéter votre question, s'il vous plaît? — *Können Sie Ihre Frage bitte wiederholen?*

répondeur (m.) [ʀepɔ̃dœʀ] — *Anrufbeantworter*
Vous pouvez laisser un message sur le répondeur. — *Sie können eine Nachricht auf dem Anrufbeantworter hinterlassen.*

répondre [repõdʀ]	*antworten*
Elle n'a pas encore répondu à ma lettre.	*Sie hat auf meinen Brief noch nicht geantwortet.*
réponse (f.) [repõs]	*Antwort*
Je n'ai toujours pas reçu de réponse.	*Ich habe immer noch keine Antwort erhalten.*
se reposer [səʀəpoze]	*sich erholen, sich ausruhen*
Il faut que tu te reposes un peu, tu es trop fatigué.	*Du musst dich ein wenig ausruhen, du bist zu erschöpft.*
reprendre [ʀəpʀɑ̃dʀ]	*noch einmal / wieder nehmen*
Ce thé est excellent! J'en reprendrais bien un peu.	*Dieser Tee ist ausgezeichnet! Ich nehme gerne noch ein wenig davon.*
Fini les vacances! Je reprends mon travail demain.	*Die Ferien sind zu Ende! Ich fange morgen wieder an zu arbeiten.*
représentation (f.) [ʀəpʀezɑ̃tasjõ]	*Vorstellung, Aufführung*
La représentation commence à 20h30.	*Die Vorstellung beginnt um 20.30 Uhr.*
représenter [ʀəpʀezɑ̃te]	*vertreten*
Il représente les étudiants.	*Er vertritt die Studenten.*
reproche (m.) [ʀəpʀɔʃ]	*Vorwurf*
Il m'a fait des reproches parce que je suis arrivé en retard.	*Er hat mir Vorwürfe gemacht, weil ich zu spät gekommen bin.*
reprocher [ʀəpʀɔʃe]	*vorwerfen*
Il est parfait. On ne peut rien lui reprocher.	*Er ist perfekt. Man kann ihm einfach nichts vorwerfen.*
république (f.) [ʀepyblik]	*Republik*
Le Président de la République s'est adressé aux Français.	*Der Präsident der Republik hat sich an die Franzosen gewandt.*
réservation (f.) [ʀezɛʀvasjõ]	*Reservierung*
On a oublié de faire des réservations à l'hôtel.	*Wir haben vergessen, Zimmer im Hotel zu reservieren.*
réserver [ʀezɛʀve]	*reservieren, bestellen*
Je voudrais réserver une table pour six personnes.	*Ich möchte einen Tisch für sechs Personen reservieren.*
respecter [ʀɛspɛkte]	*respektieren*
Respectez l'environnement!	*Achten Sie die Umwelt!*
responsable [ʀɛspõsabl]	*verantwortlich*
Il est responsable des ventes.	*Er ist verantwortlich für den Verkauf.*
ressembler [ʀəsɑ̃ble]	*ähnlich sein, ähneln*
Cet enfant ressemble beaucoup à sa mère.	*Dieses Kind ähnelt seiner Mutter sehr.*

ressortir [RəsɔRtiR]	*wieder weggehen*
Je ne ressortirai plus ce soir.	*Ich gehe heute Abend nicht noch einmal weg.*
restaurant (m.) [RɛstoRɑ̃]	*Restaurant*
Je vous invite au restaurant.	*Ich lade Sie ins Restaurant ein.*
reste (m.) [Rɛst]	*Rest*
On va manger les restes du poulet.	*Wir werden die Reste vom Hühnchen essen.*
rester [Rɛste]	*bleiben*
On restera deux semaines en Normandie.	*Wir werden zwei Wochen in der Normandie bleiben.*
résultat (m.) [Rezylta]	*Ergebnis*
Quels sont les résultats des dernières élections?	*Was sind die Ergebnisse der letzten Wahlen?*
retard (m.) [RətaR]	*Verspätung*
Le train avait un retard de 20 minutes.	*Der Zug hatte 20 Minuten Verspätung.*
retour (m.) [RətuR]	*Rückkehr, Rückfahrt*
Un aller-retour pour Marseille, s'il vous plaît!	*Eine Rückfahrkarte nach Marseille, bitte!*
Depuis son retour, elle ne me parle plus.	*Seit ihrer Rückkehr spricht sie nicht mehr mit mir.*
retourner [RətuRne]	*zurückkehren*
Il voudrait retourner chez lui.	*Er möchte nach Hause zurück.*
retraite (f.) [RətRɛt]	*Ruhestand, Rente, Pension*
Il est à la retraite depuis un an.	*Er ist seit einem Jahr im Ruhestand / in Rente.*
Elle a pris sa retraite à 56 ans.	*Sie ist mit 56 Jahren in den Ruhestand / in Rente gegangen.*
retrouver [RətRuve]	*wieder finden*
J'ai retrouvé mes clés.	*Ich habe meine Schlüssel wieder gefunden.*
se retrouver [səRətRuve]	*sich wieder treffen / einfinden*
On se retrouve devant le cinéma.	*Wir treffen uns vor dem Kino wieder.*
réunion (f.) [Reynjõ]	*Sitzung, Zusammenkunft*
Nous avons une réunion cet après-midi.	*Wir haben heute Nachmittag eine Sitzung.*
réussir [ReysiR]	*gelingen, bestehen*
Il a réussi son bac.	*Er hat sein Abi bestanden.*
rêve (m.) [Rɛv]	*Traum*
Faites de beaux rêves!	*Träumt süß!*

réveil (m.) [ʀevɛj] — *Wecker*
Le réveil n'a pas sonné ce matin. — *Der Wecker hat heute Morgen nicht geklingelt.*

réveiller [ʀeveje] — *aufwecken*
Vous pouvez me réveiller à 7 heures? — *Können Sie mich um 7 Uhr wecken?*

se réveiller [səʀeveje] — *aufwachen*
Ce matin, je me suis réveillé en retard. — *Heute Morgen bin ich zu spät aufgewacht.*

revenir [ʀəvəniʀ] — *wieder kommen*
Quand est-ce que vous reviendrez nous voir? — *Wann kommen Sie wieder zu Besuch?*

rêver [ʀɛve] — *träumen*
J'ai toujours rêvé d'habiter à la campagne. — *Ich habe immer davon geträumt, auf dem Land zu wohnen.*

revoir [ʀəvwaʀ] — *wieder sehen*
J'espère vous revoir bientôt. — *Ich hoffe, Sie bald wieder zu sehen.*

revue (f.) [ʀəvy] — *Zeitschrift*
Je suis abonné à une revue de sport. — *Ich habe eine Sportzeitschrift abonniert.*

rez-de-chaussée (m.) [ʀedʃose] — *Erdgeschoss*
J'habite au rez-de-chaussée. — *Ich wohne im Erdgeschoss.*

rhume (m.) [ʀym] — *Erkältung*
J'ai le rhume. — *Ich bin erkältet.*

riche [ʀiʃ] — *reich*
Ils sont assez riches. — *Sie sind ziemlich reich.*

rien [ʀjɛ̃] — *nichts*
Qu'est-ce que tu fais? – Rien. — *Was machst du? – Nichts.*

de rien [dəʀjɛ̃] — *für nichts*
Merci! – De rien. — *Danke! – Nichts zu danken. / Gern geschehen.*

ne ... rien [nəʀjɛ̃] — *nichts*
J'ai écouté, mais je n'ai rien compris. — *Ich habe zugehört, habe aber nichts verstanden.*

rire [ʀiʀ] — *lachen*
Cette histoire drôle m'a beaucoup fait rire. — *Über diese lustige Geschichte musste ich sehr lachen.*
Mais c'était pour rire, ne te fâche pas! — *Das war doch nur Spaß, sei nicht böse!*

rivière (f.) [ʀivjɛʀ] — *Fluss*
Nous nous sommes baignés dans la rivière. — *Wir haben im Fluss gebadet.*

riz (m.) [ʀi] — *Reis*
Vous aimez le riz? — *Mögen Sie Reis?*

robe (f.) [ʀɔb] — *Kleid*
Où est-ce que tu as acheté cette robe? — *Wo hast du dieses Kleid gekauft?*

rôle (m.) [ʀol] — *Rolle*
Quel est son rôle dans cette affaire? — *Welche Rolle hat / spielt er in dieser Sache?*

rond, -e [ʀõ / ʀõd] — *rund*
On cherche une table ronde. — *Wir suchen einen runden Tisch.*

rosé (m.) [ʀoze] — *Rosé*
Nous avons goûté un très bon rosé de Provence. — *Wir haben einen sehr guten Rosé aus der Provence probiert.*

roue (f.) [ʀu] — *Rad*
Où est la roue de secours? — *Wo ist das Reserverad?*

rouge [ʀuʒ] — *rot*
Ce pull, vous ne l'auriez pas en rouge? — *Hätten Sie diesen Pulli nicht vielleicht auch in Rot?*

rouler [ʀule] — *rollen, fahren*
Il roule beaucoup trop vite. — *Er fährt viel zu schnell.*

route (f.) [ʀut] — *Straße*
Il y a du verglas sur les routes. — *Auf den Straßen ist Glatteis.*
Bonne route! — *Gute Fahrt!*
Dans une heure, on se met en route! — *In einer Stunde fahren wir ab!*
Il a pris la route malgré le brouillard. — *Er ist trotz des Nebels gefahren.*

routier (m.) [ʀutje] — *Fernfahrer*
Les routiers sont sympa. — *Fernfahrer sind nett.*

rue (f.) [ʀy] — *Straße*
Prenez la rue à gauche! — *Biegen Sie in die Straße links ein!*

S

sa, son, ses [sa / sõ / se] — *sein, seine / ihr, ihre*
Ce sont ses enfants. — *Das sind seine / ihre Kinder.*

sac (m.) [sak] — *Tasche, Handtasche*
Elle a perdu son sac à main. — *Sie hat ihre Handtasche verloren.*

saignant, -e [sɛɲɑ̃ / sɛɲɑ̃t] — *blutig*
Un steak saignant, s'il vous plaît! — *Ein Steak, englisch (gebraten), bitte!*

saigner [sɛɲe]
Il saigne du nez.
bluten
Er hat Nasenbluten.

saison (f.) [sezõ]
Il fait trop froid pour la saison.
Jahreszeit
Es ist zu kalt für die Jahreszeit.

salade (f.) [salad]
Une salade de fruits, s'il vous plaît!
Salat
Einen Obstsalat, bitte!

salaire (m.) [salɛʀ]
Mon salaire n'a pas augmenté depuis deux ans.
Lohn, Gehalt
Seit zwei Jahren ist mein Gehalt nicht gestiegen.

salarié, -e [salaʀje]
L'entreprise a licencié cent salariés.
Arbeitnehmer, Arbeitnehmerin
Das Unternehmen hat hundert Beschäftigte entlassen.

sale [sal]
J'ai les mains sales.
schmutzig
Ich habe schmutzige Hände.

salir [saliʀ]
Il a encore sali son manteau!
schmutzig machen
Er hat seinen Mantel schon wieder schmutzig gemacht!

salon (m.) [salõ]
On prendra le café au salon.
Wohnzimmer
Wir trinken den Kaffee im Wohnzimmer.

salle (f.) [sal]
Où est la salle de réunion?
Saal, Raum
Wo ist der Sitzungssaal?

salle à manger [salamɑ̃ʒe]
La salle à manger est au rez-de-chaussée.
Esszimmer
Das Esszimmer ist im Erdgeschoss.

salle de bains [saldəbɛ̃]
Je voudrais une chambre avec salle de bains.
Bad
Ich möchte ein Zimmer mit Bad.

salut [saly]
Salut Paul! Ça va?
hallo
Hallo, Paul! Wie geht's?

sandwich (m.) [sɑ̃dwitʃ]
Un sandwich au jambon, s'il vous plaît!
Sandwich
Ein Schinkensandwich, bitte!

sang (m.) [sɑ̃]
J'ai donné du sang.
Blut
Ich habe Blut gespendet.

sans [sɑ̃]
Je prends le café sans sucre.
ohne
Ich trinke den Kaffee ohne Zucker.

santé (f.) [sɑ̃te]
Elle est en bonne santé.
A votre santé!
Gesundheit
Es geht ihr gesundheitlich gut.
Auf Ihr Wohl!

sauf [sof] — *außer*
Notre magasin est ouvert tous les jours sauf le lundi. — *Unser Geschäft ist täglich außer montags geöffnet.*

sauter [sote] — *springen*
Il a sauté par la fenêtre. — *Er ist aus dem Fenster gesprungen.*

sauver [sove] — *retten*
Il lui a sauvé la vie. — *Er hat ihm / ihr das Leben gerettet.*

savoir [savwaʀ] — *wissen, können*
Il sait très bien qu'il n'a pas raison. — *Er weiß sehr wohl, dass er Unrecht hat.*
Vous savez conduire? — *Können Sie Auto fahren?*

savon (m.) [savõ] — *Seife*
Il n'y a plus de savon dans la salle de bains. — *Im Bad ist keine Seife mehr.*

science (f.) [sjɑ̃s] — *Wissenschaft*
Ma fille aime bien les sciences naturelles. — *Meine Tochter mag Naturwissenschaften sehr.*

scolaire [skɔlɛʀ] — *Schul-*
La rentrée scolaire a lieu en septembre. — *Die Schule fängt im September wieder an.*

se [sə] — *sich*
Ils se voient souvent. — *Sie sehen sich oft.*
Cela ne se fait pas! — *Das tut man nicht!*

sec, sèche [sɛk / sɛʃ] — *trocken*
J'ai la peau sèche. — *Ich habe eine trockene Haut.*

second, -e [səgõ / səgõd] — *zweiter*
Prenez la seconde rue à droite. — *Biegen Sie in die zweite Straße rechts ein.*

seconde (f.) [səgõd] — *Sekunde*
Tu viens? – Attends une seconde! — *Kommst du? – Warte einen Augenblick!*

secours (m.) [səkuʀ] — *Hilfe*
Où est la roue de secours? — *Wo ist das Reserverad?*
Appelez «Police Secours»! — *Rufen Sie den Polizeinotruf an!*
Au secours! — *Hilfe!*

secrétaire (m. / f.) [səkʀetɛʀ] — *Sekretär, Sekretärin*
Elle est secrétaire. — *Sie ist Sekretärin.*

sécurité (f.) [sekyʀite] — *Sicherheit*
Mettez votre ceinture de sécurité! — *Schnallen Sie sich an!*

Sécurité Sociale (f.) [sekyʀitesɔsjal] — *Sozial- und Krankenversicherung*
La Sécurité Sociale est dans une situation difficile. — *Die Sozialversicherung ist in einer schwierigen Lage.*

séjour (m.) [seʒuʀ]	*Aufenthalt*
Vous avez fait un bon séjour en France?	*Haben Sie eine schöne Zeit in Frankreich verbracht?*
sel (m.) [sɛl]	*Salz*
Je crois que j'ai mis trop de sel dans la soupe.	*Ich glaube, ich habe zu viel Salz an die Suppe getan.*
semaine (f.) [səmɛn]	*Woche*
Alors, à la semaine prochaine!	*Dann bis nächste Woche!*
sens (m.) [sɑ̃s]	*Sinn, Bedeutung, Richtung*
Je ne comprends pas le sens de cet article.	*Ich verstehe den Sinn dieses Artikels nicht.*
Ne tournez pas à droite, c'est un sens interdit!	*Biegen Sie nicht rechts ab, da ist die Einfahrt verboten!*
sentiment (m.) [sɑ̃timɑ̃]	*Gefühl*
Veuillez croire à l'expression de mes sentiments les meilleurs. [lettre]	*Mit freundlichen Grüßen [Brief]*
sentir [sɑ̃tiʀ]	*fühlen, riechen*
Ça sent bon ici.	*Es riecht gut hier.*
se sentir [səsɑ̃tiʀ]	*sich fühlen*
Aujourd'hui je me sens mieux qu'hier.	*Heute fühle ich mich besser als gestern.*
séparation (f.) [sepaʀasjɔ̃]	*Trennung*
La séparation a été difficile.	*Die Trennung war schwierig.*
séparer [sepaʀe]	*trennen*
Ils vivent séparés.	*Sie leben getrennt.*
se séparer [səsepaʀe]	*sich trennen*
Ils se sont séparés la semaine dernière.	*Sie haben sich letzte Woche getrennt.*
sérieusement [seʀjøzmɑ̃]	*ernsthaft*
Il est sérieusement blessé.	*Er ist ernsthaft verletzt.*
sérieux, sérieuse [seʀjø / seʀjøz]	*ernsthaft, seriös*
Ce journal n'est vraiment pas sérieux.	*Diese Zeitung ist wirklich nicht seriös.*
service (m.) [sɛʀvis]	*Dienst, Gefallen, Bedienung*
Je peux vous demander un service?	*Kann ich Sie um einen Gefallen bitten?*
25 euros, service compris.	*25 Euro, einschließlich Bedienung.*
serviette (f.) [sɛʀvjɛt]	*Serviette*
J'ai oublié les serviettes de table.	*Ich habe die Servietten vergessen.*
servir [sɛʀviʀ]	*dienen, bedienen*
Je peux vous servir?	*Kann ich Ihnen etwas geben / einschenken?*
A quoi sert ce produit?	*Wozu ist dieses Produkt gut?*

se servir [səsɛʀviʀ]	*sich bedienen*
Servez-vous!	*Bedienen Sie sich!*
seul, -e [sœl]	*allein*
Je vis toute seule.	*Ich lebe ganz allein.*
seulement [sœlmɑ̃]	*nur, allein*
Ils ont un enfant seulement.	*Sie haben nur ein Kind.*
sexe (m.) [sɛks]	*Geschlecht*
Sexe: F / M	*Geschlecht: w / m*
si [si]	*doch, wenn, so*
Non! – Si!	*Nein! – Doch!*
Si tu es libre, nous irons au cinéma.	*Wenn du nichts vorhast, gehen wir ins Kino.*
C'est si agréable d'être en vacances!	*Es ist so schön, Urlaub zu haben!*
siècle (m.) [sjɛkl]	*Jahrhundert*
Nous sommes maintenant au 21ème siècle.	*Wir leben jetzt im 21. Jahrhundert.*
signature (f.) [siɲatyʀ]	*Unterschrift*
Il a une belle signature.	*Er hat eine schöne Unterschrift.*
signe (m.) [siɲ]	*Zeichen*
Fais-lui signe de la main!	*Wink ihm / ihr zu!*
signer [siɲe]	*unterschreiben*
Signez au bas de la page, s'il vous plaît!	*Unterschreiben Sie bitte unten auf der Seite!*
silence (m.) [silɑ̃s]	*Ruhe*
Un peu de silence, s'il vous plaît!	*Etwas Ruhe, bitte!*
simple [sɛ̃pl]	*einfach*
Un aller simple pour Paris, s'il vous plaît!	*Einmal Paris einfach, bitte!*
Ce travail n'est pas simple.	*Diese Arbeit ist nicht einfach.*
sincère [sɛ̃sɛʀ]	*aufrichtig*
Mes vœux les plus sincères!	*Meine besten Wünsche!*
situation (f.) [sitɥasjɔ̃]	*Situation, Lage*
Je me trouve dans une situation difficile.	*Ich bin in einer schwierigen Lage.*
situé, -e [sitɥe]	*gelegen*
Notre hôtel était très bien situé.	*Unser Hotel war sehr günstig gelegen.*
S.N.C.F. (f.) [ɛsɛnseɛf]	*französische Eisenbahngesellschaft*
La S.N.C.F. a augmenté les tarifs.	*Die S.N.C.F. hat die Fahrpreise erhöht.*

social, -e [sɔsjal] — *sozial*
Ils habitent dans un logement social. — *Sie wohnen in einer Sozialwohnung.*
En ce moment, il y a beaucoup de problèmes sociaux. — *Es gibt gegenwärtig viele soziale Probleme.*

société (f.) [sɔsjete] — *Gesellschaft*
Nous vivons dans une société de consommation. — *Wir leben in einer Konsumgesellschaft.*

sœur (f.) [sœʀ] — *Schwester*
J'ai deux sœurs et un frère. — *Ich habe zwei Schwestern und einen Bruder.*

soi [swa] — *sich*
C'est agréable de rentrer chez soi! — *Es ist schön, wieder daheim zu sein!*

soif (f.) [swaf] — *Durst*
Tu as soif? Tu veux boire quelque chose? — *Hast du Durst? Willst du etwas trinken?*

soigner [swaɲe] — *pflegen*
Restez au lit et soignez-vous bien! — *Bleiben Sie im Bett und pflegen Sie sich!*

soir (m.) [swaʀ] — *Abend*
Si on allait au cinéma ce soir? — *Wie wärs, wenn wir heute Abend ins Kino gingen?*

soirée (f.) [swaʀe] — *Abend*
On passe la soirée ensemble? — *Verbringen wir den Abend zusammen?*

soldes (m. pl.) [sɔld] — *Schlussverkauf*
En ce moment, c'est la période des soldes. — *Zur Zeit ist Schlussverkauf.*

soleil (m.) [sɔlɛj] — *Sonne*
Il y a un beau soleil aujourd'hui. — *Heute ist schöner Sonnenschein.*
J'ai pris un coup de soleil. — *Ich habe einen Sonnenbrand bekommen.*

solution (f.) [sɔlysjõ] — *Lösung*
Il faut trouver une solution à ce problème. — *Dieses Problem muss gelöst werden.*

somme (f.) [sɔm] — *Summe*
500 euro, c'est une somme importante! — *500 Euro, das ist eine ansehnliche Summe!*

sonner [sɔne] — *klingeln*
On a sonné. Tu peux ouvrir? — *Es hat geklingelt. Kannst du öffnen?*
Le téléphone sonne. Tu peux répondre? — *Das Telefon läutet. Kannst du abnehmen?*

sorte (f.) [sɔʀt] — *Sorte*
Dans un club, on rencontre toutes sortes de gens. — *In einem Club begegnet man allen möglichen Leuten.*

sortie (f.) [sɔʀti] — *Ausgang*
La sortie est par là! — *Der Ausgang ist dort!*

sortir [sɔʀtiʀ] — *ausgehen, weggehen*
Le client est sorti sans payer. — *Der Kunde ist weggegangen, ohne zu bezahlen.*
On sort ce soir? — *Gehen wir heute Abend aus?*

ressortir [ʀəsɔʀtiʀ] — *wieder weggehen*
Je ne ressortirai plus ce soir. — *Ich gehe heute Abend nicht noch einmal weg.*

souci (m.) [susi] — *Sorge*
Ne te fais pas de soucis, tout ira bien! — *Mach dir keine Sorgen, es wird alles gut!*

souhait (m.) [swɛ] — *Wunsch*
A vos souhaits! — *Gesundheit!*

souhaiter [swete] — *wünschen*
Je te souhaite un bon anniversaire! — *Ich wünsche dir einen schönen Geburtstag!*

soupe (f.) [sup] — *Suppe*
J'ai préparé une soupe aux légumes. — *Ich habe eine Gemüsesuppe vorbereitet.*

sourire (m.) [suʀiʀ] — *Lächeln*
Elle a toujours le sourire. — *Sie lächelt immer.*

souris (f.) [suʀi] — *Maus*
Utilisez la souris, c'est plus pratique! — *Benutzen Sie die Maus, das ist praktischer!*

sous [su] — *unter*
Mes clés sont tombées sous la table. — *Meine Schlüssel sind unter den Tisch gefallen.*

sous-sol (m.) [susɔl] — *Untergeschoss*
Le rayon sports est au sous-sol. — *Die Sportabteilung ist im Untergeschoss.*

souvenir (m.) [suvniʀ] — *Erinnerung*
J'en ai gardé un bon souvenir. — *Ich denke gerne daran zurück.*

souvent [suvɑ̃] — *oft*
Je ne la vois pas très souvent. — *Ich sehe sie nicht sehr oft.*

spécial, e [spesjal] — *besonderer, Sonder-*
Cette semaine, il y a un numéro spécial sur le nucléaire. — *Diese Woche gibt es ein Sonderheft über die Kernkraft.*

spécialement [spesjalmɑ̃] — *besonders*
Il est venu spécialement pour te voir. — *Er ist extra gekommen, um dich zu sehen.*

sport (m.) [spɔʀ] — *Sport*
J'aime faire du sport. — *Ich treibe gerne Sport.*

sportif, sportive [spɔʀtif / spɔʀtiv]	*sportlich, Sport-*
Il est membre d'un club sportif.	*Er ist Mitglied eines Sportvereins.*
stade (m.) [stad]	*Stadion*
Il va au stade tous les samedis.	*Jeden Samstag geht er ins Stadion.*
stage (m.) [staʒ]	*Praktikum*
Je termine d'abord mes études, ensuite je ferai un stage en entreprise.	*Ich beende erst mein Studium, dann mache ich ein Praktikum in einem Unternehmen.*
station (f.) [stasjõ]	*Station*
Je descends à la prochaine station.	*Ich steige an der nächsten Station aus.*
stationnement (m.) [stasjɔnmɑ̃]	*Parken*
Stationnement interdit!	*Parken verboten!*
station-service (f.) [stasjõsɛʀvis]	*Tankstelle*
On s'arrête à la prochaine station-service pour faire le plein.	*Wir halten an der nächsten Tankstelle und tanken voll.*
steak (m.) [stɛk]	*Steak*
Un steak saignant, s'il vous plaît!	*Ein Steak, englisch (gebraten), bitte!*
stop (m.) [stɔp]	*Stopp, Stoppschild*
Tu ne t'es pas arrêté au stop!	*Du hast am Stoppschild nicht angehalten!*
stylo (m.) [stilo]	*Stift*
Tu peux me prêter ton stylo?	*Kannst du mir deinen Stift leihen?*
succès (m.) [syksɛ]	*Erfolg*
Ce film a eu beaucoup de succès.	*Dieser Film hat einen großen Erfolg gehabt.*
sucre (m.) [sykʀ]	*Zucker*
Je prends le café sans sucre.	*Ich trinke den Kaffee ohne Zucker.*
sud (m.) [syd]	*Süden*
Ils habitent le Sud de la France.	*Sie wohnen in Südfrankreich.*
suffisant, -e [syfizɑ̃ / syfizɑ̃t]	*genügend*
Je n'ai pas la somme suffisante.	*Die Summe, die ich habe, reicht nicht.*
suite (f.) [sɥit]	*Folge, Fortsetzung*
Je ne connais pas la suite de l'histoire.	*Ich weiß nicht, wie die Geschichte weitergeht.*
tout de suite [tutsɥit]	*gleich*
J'arrive tout de suite.	*Ich komme gleich.*
A tout de suite!	*Bis gleich!*
Venez tout de suite!	*Kommen Sie sofort!*

suivant, -e [sɥivɑ̃ / sɥivɑ̃t]
Regarde à la page suivante!
folgender
Sieh auf der nächsten Seite nach!

suivre [sɥivʀ]
Suivez le guide!
Il suit des cours de français depuis trois ans.
folgen
Folgen Sie dem Führer!
Er hat seit drei Jahren Französischunterricht.

supérieur, -e [sypeʀjœʀ]
Elle est cadre supérieur.
höherer
Sie ist höhere Angestellte.

supermarché (m.) [sypɛʀmaʀʃe]
Je fais mes achats au supermarché.
Supermarkt
Ich kaufe im Supermarkt ein.

supplément (m.) [syplemɑ̃]
Est-ce que je dois payer un supplément?
Zuschlag
Muss ich einen Zuschlag bezahlen?

supportable [sypɔʀtabl]
Il fait chaud, mais c'est supportable.
erträglich
Es ist heiß, aber es ist erträglich.

insupportable [ɛ̃sypɔʀtabl]
Cet enfant est insupportable.
unerträglich, unausstehlich
Dieses Kind ist unausstehlich.

supporter [sypɔʀte]
Je ne supporte plus cette chaleur!
Je ne peux pas le supporter.
ertragen, aushalten
Diese Hitze halte ich nicht mehr aus!
Ich kann ihn nicht ertragen.

supprimer [sypʀime]
La direction a décidé de supprimer des emplois.
unterdrücken
Die Firmenleitung hat beschlossen, Arbeitsplätze abzubauen.

sur [syʀ]
Mets les verres sur la table, s'il te plaît!
über
Stell die Gläser bitte auf den Tisch!

sûr, -e [syʀ]
Tu es vraiment sûre de ne pas pouvoir venir?
sicher
Bist du ganz sicher, dass du nicht kommen kannst?

bien sûr [bjɛ̃syʀ]
Oui, bien sûr!
natürlich
Ja, natürlich!

sûrement [syʀmɑ̃]
Il arrivera sûrement à l'heure.
sicher
Er kommt bestimmt rechtzeitig.

surprise (f.) [syʀpʀiz]
Quelle bonne surprise!
Überraschung
Was für eine schöne Überraschung!

surtout [syʀtu]
N'oublie surtout pas de m'écrire!
vor allem
Vergiss vor allem nicht, mir zu schreiben!

sympa [sɛ̃pa]
Ce serait sympa!
nett
Das wäre nett!

C'était une soirée assez sympa. — *Das war ein recht netter Abend.*
Tes copains sont sympa. — *Deine Freunde sind nett.*

sympathique [sɛ̃patik] — *sympathisch, nett*
Mon patron est sympathique. — *Mein Chef ist sympathisch.*

syndicat (m.) [sɛ̃dika] — *Gewerkschaft*
Les syndicats ont demandé une augmentation des salaires. — *Die Gewerkschaften haben eine Lohnerhöhung gefordert.*

syndicat d'initiative (m.) [sɛ̃dikadinisjativ] — *Verkehrsbüro*
Vous trouverez un plan de la ville au syndicat d'initiative. — *Im Verkehrsbüro finden Sie / gibt es einen Stadtplan.*

système (m.) [sistɛm] — *System*
Je ne connais rien au système informatique. — *Ich verstehe nichts vom Betriebssystem.*

T

tabac (m.) [taba] — *Tabak*
Où se trouve le bureau de tabac? — *Wo ist der Tabakladen?*

table (f.) [tabl] — *Tisch*
On a réservé une table pour six personnes. — *Wir haben einen Tisch für sechs Personen reserviert.*

tableau (m.) [tablo] — *Bild, Tafel*
Ils ont un beau tableau dans leur salon. — *Sie haben ein schönes Bild in ihrem Wohnzimmer.*

tache (f.) [taʃ] — *Fleck*
Il y a une tache sur ce pantalon. — *Da ist ein Fleck auf dieser Hose.*

taille (f.) [taj] — *Größe*
C'est une femme de petite taille. — *Das ist eine ziemlich kleine Frau.*
Vous faites quelle taille? — *Welche Größe haben Sie?*
Essayez la taille 40! — *Versuchen Sie Größe 40!*

se taire [sətɛʀ] — *schweigen*
Il raconte tout à tout le monde! Il ne peut vraiment pas se taire! — *Er erzählt jedem alles. Er kann einfach nicht schweigen.*

tant [tɑ̃] — *so (sehr)*
Je voudrais tant qu'il vienne. — *Er möchte so sehr, dass er kommt.*

tant mieux [tɑ̃mjø] — *umso besser*
Il est guéri, tant mieux! — *Er ist wieder gesund, Gott sei Dank!*

tant pis [tɑ̃pi]	*umso schlimmer*
Elle ne viendra pas. Tant pis pour elle!	*Sie kommt nicht. Selber schuld!*
tard [taʀ]	*spät*
Il est tard. Rentrons!	*Es ist spät. Kommt, gehen wir nach Hause!*
A plus tard!	*Bis später!*
tarif (m.) [taʀif]	*Tarif*
Quel est le tarif étudiant?	*Welches ist der Studententarif?*
tasse (f.) [tas]	*Tasse*
J'ai bu cinq tasses de café aujourd'hui.	*Ich habe heute fünf Tassen Kaffee getrunken.*
taxe (f.) [taks]	*Steuer*
Les taxes sur les cigarettes ont augmenté.	*Die Tabaksteuer (bei den Zigaretten) ist gestiegen.*
taxi (m.) [taksi]	*Taxi*
Vous pouvez m'appeler un taxi?	*Können Sie mir ein Taxi rufen?*
technicien (m.), **-ne** (f.) [tɛknisjɛ̃ / tɛknisjɛn]	*Techniker, Technikerin*
Le technicien a réparé la machine.	*Der Techniker hat die Maschine repariert.*
technique (f.) [tɛknik]	*Technik*
Je ne connais rien à la technique.	*Von Technik verstehe ich nichts.*
technique [tɛknik]	*technisch*
Adressez-vous au service technique.	*Wenden Sie sich an die technische Betreuung.*
télé-achat (m.) [teleaʃa]	*Teleshopping*
Le télé-achat, c'est pratique quand on n'habite pas une grande ville.	*Wenn man nicht in einer Großstadt wohnt, ist das Teleshopping sehr praktisch.*
télé(vision) (f.) [tele(vizjõ)]	*Fernsehen*
Je ne regarde presque jamais la télévision.	*Ich sehe fast nie fern.*
téléphone (m.) [telefɔn]	*Telefon*
Vous avez une carte de téléphone?	*Haben Sie eine Telefonkarte?*
téléphoner [telefɔne]	*telefonieren*
Où voulez-vous téléphoner?	*Wohin / wo wollen Sie telefonieren?*
téléphonique [telefɔnik]	*Telefon-*
Il y a une cabine téléphonique pas très loin d'ici.	*Eine Telefonzelle ist nicht sehr weit von hier.*

température (f.) [tɑ̃peʀatyʀ]	*Temperatur*
La température est assez basse pour la saison.	*Die Temperatur ist ziemlich niedrig für die Jahreszeit.*
temporaire [tɑ̃pɔʀɛʀ]	*Zeit-*
Il a trouvé du travail dans une agence de travail temporaire.	*Er hat in einem Zeitarbeitsbüro Arbeit gefunden.*
temps (m.) [tɑ̃]	*Wetter, Zeit*
Quel temps fait-il ce matin?	*Wie ist das Wetter heute Morgen?*
Le temps passe si vite!	*Die Zeit vergeht so schnell!*
Ne t'en fais pas, tu auras le temps de terminer ton travail!	*Mach dir keine Sorgen, du hast genug Zeit, um die Arbeit zu Ende zu bringen.*
mi-temps [mitɑ̃]	*Teilzeit, Halbzeit*
Je cherche un travail à mi-temps.	*Ich suche eine Teilzeitarbeit.*
plein temps [plɛ̃tɑ̃]	*Vollzeit*
Elle ne peut pas travailler à plein temps à cause des enfants.	*Sie kann wegen der Kinder nicht voll arbeiten.*
tenir [təniʀ]	*halten*
Tu peux tenir mon parapluie un instant?	*Kannst du meinen Schirm einen Moment halten?*
Tiens! Salut, Paul!	*Sieh an! Hallo, Paul!*
tente (f.) [tɑ̃t]	*Zelt*
On cherche une tente pour trois personnes.	*Wir suchen ein Zelt für drei Personen.*
terrain (m.) [tɛʀɛ̃]	*Grundstück*
On va faire construire une maison sur ce terrain.	*Auf diesem Grundstück soll ein Haus gebaut werden.*
terrasse (f.) [tɛʀas]	*Terrasse*
On prend un café à la terrasse?	*Trinken wir einen Kaffee auf der Terrasse?*
terre (f.) [tɛʀ]	*Erde, Boden*
La terre tourne autour du soleil.	*Die Erde dreht sich um die Sonne.*
Il est tombé par terre.	*Er ist hingefallen.*
terrible [tɛʀibl]	*schrecklich*
Il y a eu un terrible accident sur l'autoroute.	*Es hat auf der Autobahn einen schrecklichen Unfall gegeben.*
test (m.) [tɛst]	*Test*
Avant de vous inscrire, vous devez passer un test.	*Bevor Sie sich einschreiben, müssen Sie einen Test machen.*
tête (f.) [tɛt]	*Kopf*
J'ai mal à la tête.	*Ich habe Kopfschmerzen.*
texte (m.) [tɛkst]	*Text*
Lisez d'abord le texte.	*Lesen Sie zunächst den Text.*

TGV (m.) [teʒeve] — *französischer Hochgeschwindigkeitszug*
On a pris le TGV pour Marseille. — *Wir sind mit dem TGV nach Marseille gefahren.*

thé (m.) [te] — *Tee*
Un thé au citron, s'il vous plaît! — *Einen Tee mit Zitrone, bitte!*

théâtre (m.) [teatʀ] — *Theater*
On va souvent au théâtre. — *Wir gehen oft ins Theater.*

thermomètre (m.) [tɛʀmomɛtʀ] — *Thermometer*
Je crois qu'elle a de la fièvre. Où est le thermomètre? — *Ich glaube, sie hat Fieber. Wo ist das Thermometer?*

ticket (m.) [tikɛ] — *Ticket*
Avez-vous un ticket de métro, s'il vous plaît? — *Haben Sie bitte ein Ticket für die Metro?*

tiers (m.) [tjɛʀ] — *Drittel*
On a déjà fait les deux tiers du travail. — *Wir haben schon zwei Drittel der Arbeit geschafft.*

timbre (m.) [tɛ̃bʀ] — *Briefmarke*
Je vous montre ma collection de timbres? — *Soll ich Ihnen meine Briefmarkensammlung zeigen?*

toi, toi-même [twa / twamɛm] — *du (selbst)*
Tu as fait ça toi-même? — *Hast du das selbst gemacht?*

toilette (f.) [twalɛt] — *Waschen, Toilette*
Le matin, il lui faut deux heures pour faire sa toilette. — *Er braucht zwei Stunden, bis er mit seiner Morgentoilette fertig ist.*

toilettes (f. pl.) [twalɛt] — *Toiletten*
Où sont les toilettes, s'il vous plaît? — *Wo sind die Toiletten, bitte?*

toit (m.) [twa] — *Dach*
Il habite sous les toits. — *Er wohnt unter dem Dach.*

tomate (f.) [tomat] — *Tomate*
Une salade de tomates, s'il vous plaît! — *Einen Tomatensalat, bitte!*

tomber [tõbe] — *fallen*
Il est tombé par terre. — *Er ist hingefallen.*
Ma voiture est tombée en panne sur l'autoroute. — *Mein Wagen hatte auf der Autobahn eine Panne.*
Il est tombé malade le jour de son anniversaire. — *An seinem Geburtstag ist er krank geworden.*

ton, ta, tes [ta / tõ / te] — *dein, deine*
As-tu vu tes voisins récemment? — *Hast du deine Nachbarn in der letzten Zeit gesehen?*

tort (m.) [tɔʀ]	*Unrecht*
Je pense qu'elle a tort.	*Ich glaube, sie hat Unrecht.*
Il a eu un accident de voiture et c'est lui qui était en tort.	*Er hat einen Autounfall gehabt und schuld war er.*
tôt [to]	*bald, früh*
Je suis rentrée un jour plus tôt.	*Ich bin einen Tag früher zurückgekommen.*
Mes enfants se lèvent très tôt le matin.	*Meine Kinder stehen morgens sehr früh auf.*
toucher [tuʃe]	*berühren, bekommen, treffen*
Ne touchez à rien!	*Fassen Sie nichts an!*
J'ai touché un chèque de 50 euro la semaine dernière.	*Ich habe letzte Woche einen Scheck über 50 Euro bekommen.*
La mort de son père l'a touché.	*Der Tod seines Vaters hat ihn getroffen.*
Le chômage touche surtout les jeunes.	*Die Arbeitslosigkeit trifft vor allem die Jugendlichen.*
toujours [tuʒuʀ]	*immer*
Il est toujours en retard.	*Er kommt immer zu spät.*
tour (f.) [tuʀ]	*Turm*
Vous connaissez la tour Eiffel?	*Kennen Sie den Eiffelturm?*
tour (m.) [tuʀ]	*Runde, Tour*
On va faire un tour en ville?	*Fahren / Gehen wir eine Runde durch die Stadt?*
tourisme (m.) [tuʀizm]	*Tourismus*
Je cherche l'Office de tourisme.	*Ich suche das Fremdenverkehrsamt.*
touriste (m.) [tuʀist]	*Tourist*
En été, il y a beaucoup de touristes sur les plages.	*Im Sommer gibt es viele Touristen am Strand.*
tourner [tuʀne]	*drehen*
Tournez à gauche, puis allez tout droit.	*Biegen Sie links ein und gehen Sie dann immer gerade aus.*
tout, tous, toute, toutes [tu / tus / tut / tut]	*alles, alle*
Tout va bien.	*Alles ist in Ordnung.*
Les étudiants ont tous réussi.	*Die Studenten haben alle bestanden.*
Il a plu toute la nuit.	*Es hat die ganze Nacht geregnet.*
Il s'entend avec tout le monde.	*Er verträgt sich mit jedem.*
Tu n'as rien oublié? – Non, j'ai tout ce qu'il me faut.	*Hast du nichts vergessen? – Nein, ich habe alles, was ich brauche.*
Bon, alors à tout à l'heure!	*Gut, also dann bis später!*
Je dois partir tout de suite.	*Ich muss sofort weg.*
A tout de suite!	*Bis gleich!*
Allez tout droit!	*Gehen / Fahren Sie geradeaus!*
Je ne suis pas tout à fait de votre avis.	*Ich bin nicht ganz Ihrer Meinung.*

tout de suite [tutsɥit] — *gleich*
J'arrive tout de suite. — *Ich komme gleich.*
A tout de suite! — *Bis gleich!*
Venez tout de suite! — *Kommen Sie sofort!*

tout droit [tudʀwa] — *geradeaus*
Allez tout droit jusqu'à la place du marché! — *Gehen Sie geradeaus bis zum Marktplatz!*

tradition (f.) [tʀadisjõ] — *Tradition*
Offrir des cadeaux à Noël, c'est une tradition. — *Es ist eine Tradition, dass man sich zu Weihnachten beschenkt.*

traditionnel, -le [tʀadisjonel] — *traditionell*
Tu connais les danses traditionnelles françaises? — *Kennst du die traditionellen französischen Tänze?*

traducteur (m.), **traductrice** (f.) [tʀadyktœʀ / tʀadyktʀis] — *Übersetzer, Übersetzerin*
Vous pouvez nous conseiller un bon traducteur? — *Können Sie uns einen guten Übersetzer empfehlen?*

traduction (f.) [tʀadyksjõ] — *Übersetzung*
On cherche quelqu'un pour faire des traductions de l'anglais en français. — *Man sucht jemanden für Übersetzungen vom Englischen ins Französische.*

traduire [tʀadɥiʀ] — *übersetzen*
Tu peux me traduire ce texte en français? — *Kannst du mir diesen Text ins Französische übersetzen?*

train (m.) [tʀɛ̃] — *Zug*
J'ai dû changer de train à Lyon. — *Ich musste in Lyon umsteigen.*

en train de [ɑ̃tʀɛ̃də] — *im Begriff*
J'étais en train de travailler quand tu as téléphoné. — *Ich war dabei zu arbeiten, als du angerufen hast.*

tranche (f.) [tʀɑ̃ʃ] — *Scheibe*
Quatre tranches de jambon, s'il vous plaît! — *Vier Scheiben Schinken, bitte!*

tranquille [tʀɑ̃kil] — *ruhig*
C'est un quartier tranquille. — *Das ist ein ruhiges Viertel.*
Laisse-moi tranquille! — *Lass mich in Ruhe!*

transport (m.) [tʀɑ̃spɔʀ] — *Transport*
Les transports en commun sont de plus en plus chers. — *Die öffentlichen Verkehrsmittel werden immer teurer.*

transporter [tʀɑ̃spɔʀte] — *transportieren, bringen*
On a transporté les blessés à l'hôpital. — *Man hat die Verletzten ins Krankenhaus gebracht.*

travail (m.) [tʀavaj] — *Arbeit*
Il cherche un travail à mi-temps. — *Er sucht eine Halbtagsstelle.*

travailler [tʀavaje] — *arbeiten*
Je travaille 35 heures par semaine. — *Ich arbeite 35 Stunden pro Woche.*

travailleur (m.) [tʀavajœʀ] — *Arbeiter*
Quel est le nombre des travailleurs immigrés en France? — *Wie viele eingewanderte Arbeiter gibt es in Frankreich?*

traverser [tʀavɛʀse] — *überqueren*
La poste est de l'autre côté. Il faut traverser la rue. — *Die Post ist auf der anderen Seite. Wir müssen die Straße überqueren.*

très [tʀɛ] — *sehr*
Elle est très belle. — *Sie ist sehr schön.*

triste [tʀist] — *traurig*
Tu as l'air triste. Qu'est-ce qu'il y a? — *Du siehst traurig aus. Was ist los?*
Quel paysage triste! — *Was für eine traurige Landschaft!*

se tromper [sətʀɔ̃pe] — *sich irren*
Je suis désolé, mais vous vous êtes trompé de numéro. — *Es tut mir Leid, aber Sie haben sich in der Nummer geirrt.*

trop [tʀo] — *zu, zu sehr, zu viel*
J'ai trop mangé! — *Ich habe zu viel gegessen!*

trou (m.) [tʀu] — *Loch*
Il y a un trou dans le mur. Il faut le réparer. — *In der Mauer ist ein Loch. Wir müssen sie reparieren.*

trouver [tʀuve] — *finden*
Elle a trouvé du travail. — *Sie hat Arbeit gefunden.*
Je le trouve assez sympathique. — *Ich finde ihn recht sympathisch.*

se trouver [sətʀuve] — *sich befinden*
La maison se trouve à la sortie du village. — *Das Haus befindet sich am Ende des Dorfes.*

tu [ty] — *du*
Tu as trouvé ce que tu cherchais? — *Hast du gefunden, was du gesucht hast?*

type (m.) [tip] — *Typ*
Vous cherchez quel type de voiture? — *Was für einen Typ von Wagen suchen Sie?*

typique [tipik] — *typisch*
C'est un restaurant typique pour la région. — *Das Restaurant ist typisch für die Gegend.*

typiquement [tipikmɑ̃] — *typisch*
C'est une musique typiquement bretonne. — *Das ist eine typisch bretonische Musik.*

U

union (f.) [ynjõ]
La France est membre de l'Union Européenne.
Union
Frankreich ist Mitglied der Europäischen Union.

université (f.) [yniversite]
Après mon bac, je suis allé à l'université.
Universität
Nach meinem Abi bin ich an die Universität gegangen.

Université Populaire (f.) [yniversitepɔpylɛr]
J'ai appris le français à l'Université Populaire.
Volkshochschule
Ich habe Französisch in der Volkshochschule gelernt.

urgent, -e [yrʒɑ̃ / yrʒɑ̃t]
Vite, un médecin, c'est urgent!
dringend
Schnell, einen Arzt, es ist dringend!

usine (f.) [yzin]
Il travaille à l'usine.
Fabrik
Er arbeitet in der Fabrik.

utile [ytil]
Le lave-vaisselle, c'est bien utile!
nützlich
So eine Geschirrspülmaschine ist sehr nützlich!

utilisation (f.) [ytilizasjõ]
Lisez d'abord les conseils d'utilisation!
Gebrauch
Lesen Sie zunächst die Benutzungshinweise!

utiliser [ytilize]
Ce produit est facile à utiliser.
gebrauchen, benutzen
Dieses Produkt ist leicht zu benutzen.

V

vacances (f. pl.) [vakɑ̃s]
Reposez-vous bien pendant les vacances!
Ferien, Urlaub
Erholen Sie sich gut im Urlaub!

vaisselle (f.) [vɛsɛl]
Je voudrais un produit pour laver la vaisselle, s'il vous plaît!
Geschirr
Ich möchte bitte ein Geschirrspülmittel!

valise (f.) [valiz]
Est-ce que tu as déjà fait tes valises?
Koffer
Hast du deine Koffer schon gepackt?

vallée (f.) [vale]
Tu as déjà visité la vallée de la Loire?
Tal
Hast du das Loiretal schon besucht?

valoir [valwar]
Cela ne valait pas la peine d'y aller.
lohnen
Das lohnte nicht, dahin zu gehen.

veau (m.) [vo]
Deux côtes de veau, s'il vous plaît!
Kalb
Zwei Kalbskoteletts, bitte!

veille (f.) [vɛj]
Elle a eu un accident la veille de son départ.
Vorabend
Am Abend vor ihrer Abfahrt hat sie einen Unfall gehabt.

vélo (m.) [velo]
On fait un tour en vélo?
Fahrrad
Machen wir eine Radtour?

vendeur (m.), **vendeuse** (f.) [vɑ̃dœʀ / vɑ̃døz]
Elle est vendeuse dans un grand magasin.
Verkäufer, Verkäuferin
Sie ist Verkäuferin in einem Kaufhaus.

vendre [vɑ̃dʀ]
Les Martin ont vendu leur appartement.
verkaufen
Die Martins haben ihre Wohnung verkauft.

venir [vəniʀ]
Vous venez d'où?
Elle vient juste d'arriver.
kommen
Woher kommen Sie?
Sie ist gerade angekommen.

revenir [ʀəvəniʀ]
Quand est-ce que vous reviendrez nous voir?
wieder kommen
Wann kommen Sie wieder zu Besuch?

vent (m.) [vɑ̃]
Il y a du vent aujourd'hui.
Wind
Heute ist es windig.

vente (f.) [vɑ̃t]
Les ventes de voitures ont diminué le mois dernier.
Verkauf
Die Autoverkäufe sind im letzten Monat zurückgegangen.

vente par correspondance (f.) [vɑ̃tpaʀkɔʀɛspɔ̃dɑ̃s]
La vente par correspondance, c'est pratique quand on habite loin d'une grande ville.
Versandhandel
Der Versandhandel ist praktisch, wenn man weit weg von einer großen Stadt wohnt.

ventre (m.) [vɑ̃tʀ]
J'ai un peu mal au ventre.
Bauch
Ich habe ein wenig Bauchschmerzen.

verglas (m.) [vɛʀgla]
Faites attention, il y a du verglas sur les routes!
Glatteis
Passen Sie auf, es gibt Glatteis auf den Straßen!

vérité (f.) [veʀite]
Dites-moi toute la vérité!
Wahrheit
Sagen Sie mir die ganze Wahrheit!

verre (m.) [vɛʀ]
Mettez les bouteilles en verre dans le conteneur!
Glas
Werfen Sie die Glasflaschen in den Container!

Un verre d'eau, s'il vous plaît! — *Ein Glas Wasser, bitte!*
On va prendre un verre? — *Trinken wir ein Glas?*

vers [vɛʀ] — *gegen*
Je passerai vers huit heures. — *Ich komme gegen 8 Uhr vorbei.*

vert, -e [vɛʀ / vɛʀt] — *grün*
Il m'a offert une plante verte. — *Er hat mir eine Grünpflanze geschenkt.*

veste (f.) [vɛst] — *Jacke*
Je vais mettre une veste chaude. — *Ich werde eine warme Jacke anziehen.*

vêtement (m.) [vɛtmɑ̃] — *Kleidung*
Où sont les vêtements pour hommes? — *Wo ist die Herrenbekleidung?*

veuf, veuve [vœf / vœv] — *verwitwet*
Elle est veuve depuis cinq ans. — *Sie ist seit fünf Jahren verwitwet.*

viande (f.) [vjɑ̃d] — *Fleisch*
La viande est trop cuite. — *Das Fleisch ist zu sehr durchgebraten.*

vide [vid] — *leer*
Le frigo est vide. — *Der Kühlschrank ist leer.*

vidéo (f.) [video] — *Video*
Ce film vient de paraître en vidéo. — *Dieser Film ist gerade als Video erschienen.*

vie (f.) [vi] — *Leben*
Qu'est-ce que vous faites dans la vie? — *Was machen Sie beruflich?*

vieux, vieil, vieille [vjø / vjɛj / vjɛj] — *alt*
Il a une vieille voiture. — *Er hat einen alten Wagen.*

village (m.) [vilaʒ] — *Dorf*
Ils habitent dans un petit village. — *Sie wohnen in einem kleinen Dorf.*

ville (f.) [vil] — *Stadt*
J'habite en plein centre ville. — *Ich wohne mitten in der Stadt.*

vin (m.) [vɛ̃] — *Wein*
Vous aimez le vin rouge? — *Mögen Sie Rotwein?*

virage (m.) [viʀaʒ] — *Kurve*
Fais attention, c'est un virage dangereux! — *Pass auf, das ist eine gefährliche Kurve!*

visage (m.) [vizaʒ] — *Gesicht*
Elle a un visage agréable. — *Sie hat ein nettes Gesicht.*

visite (f.) [vizit] — *Besuch*
Je vous remercie de votre visite. — *Ich danke Ihnen für Ihren Besuch.*

visiter [vizite] — *besuchen*
Je n'ai jamais visité cette région. — *Ich habe diese Gegend nie besucht.*

vite [vit] — *schnell*
Viens vite, on est en retard! — *Komm schnell, wir sind spät dran!*

vitesse (f.) [vitɛs] — *Geschwindigkeit*
Il roulait à une vitesse normale. — *Er fuhr mit normaler Geschwindigkeit.*

vitrine (f.) [vitʀin] — *Schaufenster*
A Noël, les vitrines des magasins sont magnifiques. — *Zu Weihnachten sind die Schaufenster der Geschäfte herrlich anzusehen.*

vivre [vivʀ] — *leben*
Ils vivent ensemble depuis trois ans. — *Seit drei Jahren leben sie zusammen.*

vœux (m. pl.) [vø] — *Wünsche*
Je vous présente mes meilleurs vœux de Bonne Année. — *Ich sende Ihnen meine besten Wünsche zum Neuen Jahr.*

voici [vwasi] — *hier*
Voici les clés de votre chambre. — *Hier sind die Schlüssel für Ihr Zimmer.*

voilà [vwala] — *hier, da*
Voilà votre chambre. — *Hier ist Ihr Zimmer.*

voir [vwaʀ] — *sehen*
Tu as vu le film hier soir à la télé? — *Hast du den Film gestern Abend im Fernsehen gesehen?*
Je vois ce que vous voulez dire. — *Ich sehe / verstehe, was Sie sagen wollen.*

revoir [ʀəvwaʀ] — *wieder sehen*
J'espère vous revoir bientôt. — *Ich hoffe, Sie bald wieder zu sehen.*

au revoir [oʀvwaʀ] — *auf Wiedersehen*
Au revoir et à bientôt! — *Auf Wiedersehen und bis bald!*

voisin (m.), **-e** (f.) [vwazɛ̃ / vwazin] — *Nachbar, Nachbarin*
Je vous présente notre voisine, Madame Duval. — *Ich stelle Ihnen unsere Nachbarin, Frau Duval, vor.*

voiture (f.) [vwatyʀ] — *Wagen*
Nous sommes venus en voiture. — *Wir sind mit dem Wagen gekommen.*

voix (f.) [vwa] — *Stimme*
Il a une belle voix. — *Er hat eine schöne Stimme.*

vol (m.) [vɔl] — *Diebstahl*
Il y a de plus en plus de vols de voitures. — *Es gibt immer mehr Autodiebstähle.*

vol (m.) [vɔl] — *Flug*
Vol Paris – Madrid, porte 124. — *Flug Paris – Madrid, Ausgang 124.*

voler [vɔle]	*stehlen*
Je crois qu'on m'a volé mon sac de voyage.	*Ich glaube, man hat mir meine Reisetasche gestohlen.*
voler [vɔle]	*fliegen*
L'avion vole à plus de 10.000 mètres.	*Das Flugzeug fliegt in mehr als 10 000 Meter Höhe.*
volontiers [vɔlõtje]	*gerne*
Je prendrai volontiers un café.	*Ich nehme gerne einen Kaffee.*
voter [vɔte]	*abstimmen, wählen*
En France on peut voter à partir de 18 ans.	*In Frankreich kann man ab 18 Jahren wählen.*
votre, vos [vɔtʀ / vo]	*Ihr, euer*
Est-ce que vous pouvez me prêter votre stylo?	*Können Sie mir Ihren Stift leihen?*
vouloir [vulwaʀ]	*wollen*
Vous voulez dire que j'ai tort?	*Wollen Sie sagen, dass ich Unrecht habe?*
Voulez-vous des légumes?	*Wollen Sie Gemüse?*
Qu'est-ce que ça veut dire?	*Was soll das heißen?*
Je veux bien!	*Gerne!*
Je lui en veux de n'avoir pas dit la vérité.	*Ich bin ihm böse, dass er nicht die Wahrheit gesagt hat.*
vous [vu]	*Sie, ihr*
Pourquoi est-ce que vous n'êtes pas partis tous ensemble?	*Warum sind Sie / seid ihr nicht alle zusammen abgefahren?*
voyage (m.) [vwajaʒ]	*Reise*
Nous avons fait un voyage très agréable.	*Wir haben eine sehr schöne Reise gemacht.*
Bon voyage!	*Gute Reise!*
voyager [vwajaʒe]	*reisen*
Je préfère voyager en train, c'est plus confortable.	*Ich fahre lieber mit dem Zug, das ist bequemer.*
vrai, -e [vʀɛ]	*wahr*
C'est une histoire vraie.	*Das ist eine wahre Geschichte.*
C'est vrai que vous allez nous quitter?	*Ist es wahr, dass Sie uns verlassen werden?*
vraiment [vʀɛmɑ̃]	*wirklich*
Vous ne voulez vraiment pas vous asseoir?	*Wollen Sie sich wirklich nicht setzen?*
vue (f.) [vy]	*Blick, Sicht*
Je voudrais réserver une chambre double avec vue sur la mer.	*Ich möchte ein Doppelzimmer mit Blick auf das Meer reservieren.*
Je ne partage pas votre point de vue.	*Ich teile Ihren Standpunkt nicht.*

W

wagon-restaurant (m.) [vagõRɛstoRɑ̃] — *Speisewagen*

Le wagon-restaurant se trouve au milieu du train. — *Der Speisewagen befindet sich in der Mitte des Zuges.*

week-end (m.) [wikɛnd] — *Wochenende*

Qu'est-ce que vous faites pendant le week-end? — *Was machen Sie am Wochenende?*

Y

y [i] — *dort, dorthin*

J'y suis allé l'année dernière. — *Ich bin letztes Jahr dorthin gefahren.*

L'informatique, je n'y connais rien! — *Von Informatik verstehe ich nichts!*

Il y a du beurre dans le frigo. — *Butter ist im Kühlschrank.*

Z

zéro [zeRo] — *Null*

La température est tombée en-dessous de zéro. — *Die Temperatur ist unter Null gefallen.*

zone (f.) [zon] — *Zone*

On ne peut pas passer par ici, c'est une zone piétonnière. — *Hier können wir nicht durchfahren, das ist eine Fußgängerzone.*

Länder

Allemagne (f.) [almaɲ]	*Deutschland*
Angleterre (f.) [ɑ̃glətɛʀ]	*England*
Autriche (f.) [otʀiʃ]	*Österreich*
Belgique (f.) [bɛlʒik]	*Belgien*
Canada (m.) [kanada]	*Kanada*
Danemark (m.) [danmaʀk]	*Dänemark*
Espagne (f.) [ɛspaɲ]	*Spanien*
Europe (f.) [øʀɔp]	*Europa*
Finlande (f.) [fɛ̃lɑ̃d]	*Finnland*
France (f.) [fʀɑ̃s]	*Frankreich*
Grèce (f.) [gʀɛs]	*Griechenland*
Hollande (f.) [ɔlɑ̃d]	*Holland*
Pays-Bas (m. pl.) [peiba]	*Niederlande*
Italie (f.) [itali]	*Italien*
Portugal (m.) [pɔʀtygal]	*Portugal*
Suède (f.) [sɥɛd]	*Schweden*
Suisse (f.) [sɥis]	*Schweiz*

allemand, -e [almɑ̃ / almɑ̃d]	*deutsch*
anglais, -e [ɑ̃glɛ / ɑ̃glɛz]	*englisch*
autrichien, -ne [otʀiʃjɛ̃ / otʀiʃjɛn]	*österreichisch*
belge [bɛlʒ]	*belgisch*
canadien, -ne [kanadjɛ̃ / kanadjɛn]	*kanadisch*
danois, -e [danwa / danwaz]	*dänisch*
espagnol, -e [ɛspaɲɔl]	*spanisch*
européen, -ne [øʀɔpeɛ̃ / øʀɔpeɛn]	*europäisch*
finlandais, -e [fɛ̃lɑ̃dɛ / fɛ̃lɑ̃dɛz]	*finnisch*
français, -e [fʀɑ̃sɛ / fʀɑ̃sɛz]	*französisch*
grec, grecque [gʀɛk]	*griechisch*
hollandais, -e [ɔlɑ̃dɛ / ɔlɑ̃dɛz]	*holländisch*
néerlandais, -e [neɛʀlɑ̃dɛ / neɛʀlɑ̃dɛz]	*niederländisch*
italien, -ne [italjɛ̃ / italjɛn]	*italienisch*
portugais, -e [pɔʀtygɛ / pɔʀtygɛz]	*portugiesisch*

suédois, -e [sɥedwa / sɥedwaz]	*schwedisch*
suisse [sɥis]	*schweizerisch*

Jahreszeiten

printemps (m.) [pʀɛ̃tɑ̃]	*Frühling*
été (m.) [ete]	*Sommer*
automne (m.) [otɔn]	*Herbst*
hiver (m.) [ivɛʀ]	*Winter*

Monate

janvier (m.) [ʒɑ̃vje]	*Januar*
février (m.) [fevʀije]	*Februar*
mars (m.) [maʀs]	*März*
avril (m.) [avʀil]	*April*
mai (m.) [mɛ]	*Mai*
juin (m.) [ʒɥɛ̃]	*Juni*
juillet (m.) [ʒɥijɛ]	*Juli*
août (m.) [ut]	*August*
septembre (m.) [sɛptɑ̃bʀ]	*September*
octobre (m.) [ɔktɔbʀ]	*Oktober*
novembre (m.) [nɔvɑ̃bʀ]	*November*
décembre (m.) [desɑ̃bʀ]	*Dezember*

Wochentage

lundi (m.) [lɛ̃di]	*Montag*
mardi (m.) [maʀdi]	*Dienstag*
mercredi (m.) [mɛʀkʀədi]	*Mittwoch*
jeudi (m.) [ʒødi]	*Donnerstag*
vendredi (m.) [vɑ̃dʀədi]	*Freitag*
samedi (m.) [samdi]	*Samstag*
dimanche (m.) [dimɑ̃ʃ]	*Sonntag*

Zahlen

zéro [zeʀo]	*0*
un(e) [ɛ̃ / yn]	*1*
deux [dø]	*2*
trois [tʀwa]	*3*
quatre [katʀ]	*4*
cinq [sɛ̃k]	*5*
six [sis]	*6*
sept [sɛt]	*7*
huit [ɥit]	*8*
neuf [nœf]	*9*
dix [dis]	*10*
onze [õz]	*11*
douze [duz]	*12*
treize [tʀɛz]	*13*
quatorze [katɔʀz]	*14*
quinze [kɛ̃z]	*15*
seize [sɛz]	*16*
dix-sept [disɛt]	*17*
dix-huit [dizɥit]	*18*
dix-neuf [diznœf]	*19*
vingt [vɛ̃]	*20*
vingt et un(e) [vɛ̃teɛ̃ / vɛ̃teyn]	*21*
vingt-deux [vɛ̃tdø]	*22*
trente [tʀɑ̃t]	*30*
trente et un(e) [tʀɑ̃teɛ̃ / tʀɑ̃teyn]	*31*
quarante [kaʀɑ̃t]	*40*
cinquante [sɛ̃kɑ̃t]	*50*
soixante [swasɑ̃t]	*60*
soixante-dix [swasɑ̃tdis]	*70*
quatre-vingt(s) [katʀəvɛ̃]	*80*
quatre-vingt-dix [katʀəvɛ̃dis]	*90*
cent [sɑ̃]	*100*

cent un(e) [sɑ̃ɛ̃ / sɑ̃yn]	*101*
deux cent(s) [døsɑ̃]	*200*
mille [mil]	*1 000*
deux mille [dømil]	*2 000*
un million [ɛ̃miljõ]	*1 000 000*
premier, première [pʀəmje / pʀəmjɛʀ]	*erste*
deuxième [døzjɛm]	*zweite*
troisième [tʀwazjɛm]	*dritte*
dizaine (f.) [dizɛn]	*etwa zehn*
douzaine (f.) [duzɛn]	*Dutzend*
vingtaine (f.) [vɛ̃tɛn]	*etwa zwanzig*
soixantaine (f.) [swasɑ̃tɛn]	*etwa sechzig*
centaine (f.) [sɑ̃tɛn]	*etwa hundert*

Wichtige Verbformen

aller	*gehen*
je vais	nous allons
tu vas	vous allez
il / elle va	ils / elles vont
je suis allé(e)	*ich bin gegangen*
avoir	*haben*
j' ai	nous avons
tu as	vous avez
il / elle a	ils / elles ont
j'ai eu	*ich habe gehabt*
chercher	*suchen*
je cherche	nous cherchons
tu cherches	vous cherchez
il / elle cherche	ils / elles cherchent
j'ai cherché	*ich habe gesucht*
choisir	*auswählen*
je choisis	nous choisissons
tu choisis	vous choisissez
il / elle choisit	ils / elles choisissent
j'ai choisi	*ich habe ausgewählt*

connaître *kennen*

je connais nous connaissons
tu connais vous connaissez
il / elle connaît ils / elles connaissent

j'ai connu *ich habe gekannt*

croire *glauben*

je crois nous croyons
tu crois vous croyez
il / elle croit ils / elles croient

j'ai cru *ich habe geglaubt*

descendre *aussteigen*

je descends nous descendons
tu descends vous descendez
il / elle descend ils / elles descendent

je suis descendu(e) *ich bin ausgestiegen*

être *sein*

je suis nous sommes
tu es vous êtes
il / elle est ils / elles sont

j'ai été *ich bin gewesen*

faire	*machen*
je fais	nous faisons
tu fais	vous faites
il / elle fait	ils / elles font
j'ai fait	*ich habe gemacht*

s'informer	*sich informieren*
je m'informe	nous nous informons
tu t'informes	vous vous informez
il / elle s'informe	ils / elles s'informent
je me suis informé(e)	*ich habe mich informiert*

partir	*weggehen*
je pars	nous partons
tu pars	vous partez
il / elle part	ils / elles partent
je suis parti(e)	*ich bin weggegangen*

pouvoir	*können*
je peux	nous pouvons
tu peux	vous pouvez
il / elle peut	ils / elles peuvent
j'ai pu	*ich habe gekonnt*

prendre	*nehmen*
je prends	nous prenons
tu prends	vous prenez
il / elle prend	ils / elles prennent
j'ai pris	*ich habe genommen*

savoir	*wissen*
je sais	nous savons
tu sais	vous savez
il / elle sait	ils / elles savent
j'ai su	*ich habe gewusst*

se servir	*sich bedienen*
je me sers	nous nous servons
tu te sers	vous vous servez
il / elle se sert	ils / elles se servent
je me suis servi(e)	*ich habe mich bedient*

venir	*kommen*
je viens	nous venons
tu viens	vous venez
il / elle vient	ils / elles viennent
je suis venu(e)	*ich bin gekommen*

voir	*sehen*
je vois	nous voyons
tu vois	vous voyez
il / elle voit	ils / elles voient
j'ai vu	*ich habe gesehen*

vouloir	*wollen*
je veux	nous voulons
tu veux	vous voulez
il / elle veut	ils / elles veulent
j'ai voulu	*ich habe gewollt*

Lautumschrift

	Französisches Beispiel	Deutsches Beispiel
[a]	panne [pan]	*wann*
[e]	thé [te]	*Tee*
[ɛ]	sec [sɛk]	*keck*
[ə]	me [mə]	–
[i]	qui [ki]	*Kiel*
[o]	eau [o]	*wo*
[ɔ]	comme [kɔm]	*vom*
[ø]	cheveu [ʃ(ə)vø]	*Bö*
[œ]	œuf [œf]	*Geschöpf*
[u]	coup [ku]	*Kuh*
[y]	tu [ty]	*früh*
[ɑ̃]	blanc [blɑ̃]	–
[ɛ̃]	pain [pɛ̃]	–
[ɔ̃]	mon [mɔ̃]	–
[b]	blond [blɔ̃]	*blond*
[d]	direct [diʀɛkt]	*direkt*
[f]	fils [fis]	*viel*
[g]	goût [gu]	*gut*
[j]	feuille [fœj]	*ja*
[k]	clé [kle]	*Klee*
[l]	la [la]	*Lampe*
[m]	ma [ma]	*Mantel*
[n]	nez [ne]	*Nebel*
[p]	papa [papa]	*Platz*
[ʀ]	rosé [ʀoze]	*Rose*
[s]	tasse [tas]	*Tasse*
[t]	trou [tʀu]	*Trubel*
[v]	vers [vɛʀ]	*Werk*
[w]	loi [lwa]	*Trottoir*
[z]	musée [myze]	*Museum*
[ʒ]	général [ʒeneʀal]	*Genie*
[ʃ]	chaud [ʃo]	*schon*
[ɥ]	huit [ɥit]	–
[ɲ]	signe [siɲ]	*Kognak*
[ŋ]	camping [kɑ̃piŋ]	*Sing!*
[ʻ]	haut [ʻo]	–